寻味安徽

李丹崖 著

北京出版集团公司

北京出版社

寻味安徽

此生有幸，生在安徽。"安"是宝盖头下面有个"女"字，意为"家"里有位美"女"。徽呢，是双人行，有山水，有丝竹，有文化，这些都是雅洁之事。

徽菜，作为中国八大菜系之首，换一种方式深入人心，抑或说是深入人"胃"。皖地的山水是它的风骨，人文是它的香氛，风俗是它的味道，皖人是它的缔造者和发扬者。

尽管我是皖北人，却有机会能够常常流连于皖南古徽州的山山水水之间，故而，无论是沿江菜、沿淮菜，还是皖北菜肴，在我的脑海里，都如数家珍。烧是一种态度，炖是一种哲学，蒸是一种熏陶，爆是一种格调。在此之间，"重油、重色、重火功"无疑也像极了安徽人的性格，重情义，激情四射。

　　一入安徽，且慢些走，光阴淡淡流动，岁月的溪流慢慢奔腾，我们慢慢绽放的味蕾，跟随着徽菜的煎炒烹炸，欢呼雀跃。皖南的山水和马头墙上，笼罩着与众不同的炊烟；江淮之间的稻米田里，收获着沉甸甸的喜悦；皖北的平畴沃野里，各色葱碧的青菜在生命的餐桌上纷呈华彩。

　　没有什么难题遇到美食不迎刃而解，没有什么疑团遇到美食不柳暗花明。不管你信不信，美食的身上始终负载着一种魔力，它可以拉近彼此的心灵。可以把两个遥不可及的人拉到同一个餐桌上来，推杯换盏，互诉衷肠。

　　这也就是我写这本书的原因。

本书特色如下。

★实用：每个地点都详细地介绍了当地的招牌菜，使游客在欣赏安徽美景的同时也能大饱口福，实属不可多得的安徽自助游美食实用手册。

★全面：从安徽招牌美食到名店大餐，从乡间野味到绿色食材，种种美食都让食客体会到安徽美食的与众不同。

★美味：不管是餐厅美食还是特色小吃，都足以让人回味无穷。你会觉得，大自然不仅赐予了安徽瑰丽的自然风景，也为食客们创造了一个美食的天堂。

目 寻味安徽

CONTENTS 录

Part ① 粉墙黛瓦下的舌尖诱惑

那年，迷失在徽州的山水中，不为粉墙黛瓦，只为一份毛豆腐，两只醉蟹，三只黄山炖鸽。觅山水，也要觅美食；一为心觅，二为身觅，两者同样重要。

Part ② 曹操故里亳州的别样味道

平畴沃野的皖北，先哲名流辈出，英雄人物遍地。曹操曾在这里著有《四时食记》，也曾从这里出发，为汉献帝带去九酝春酒。自古英雄好美食，英雄在，美食也就丰盈。

Part ③ 阜阳小城的阳光美食

颍州的水滋养了阜阳人文，皖北的黄土地培育了繁茂的时蔬，这一切，都被在这片土地上耕耘的劳动者记录、整理、创造着，并以皖北人独特的形式发扬光大。

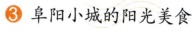

Part ④ 安庆人的江边滋味

迎江寺的钟声响了又响，这座古寺俯瞰下的安庆，祥和安宁，处处飘散着鸡汤炒米和江毛水饺的香。这里同时也是徽菜的肇始地之一，美味的沿江菜，在这里香飘全国。

Part ⑤ 合肥夜幕下滚动的香潮

江淮之间，得江水的裹挟，淮水的滋润，怀抱巢湖，享有吃不尽的河鲜美味。龙虾在这里横行霸道，包公鱼在这里像标杆一样立着。这里，有着徽菜最纯净的文化记忆。

Part ⑥ 淮北旷野上飘扬的炊烟

不入淮北怎知徽菜的线条？一望无垠的淮北平原上，土鸡散养，羊群遍地，一切美景皆食材，总之，这里有享之不尽的美食。

Part ⑦ 八公山下的美食王国

淮南王的"江山"虽未如愿，但他在另一片国度里戴上了
自己的桂冠，那就是"美食国度"。八公山下雨后初霁，
淮河岸边风光旖旎，都掩不住淮南美食的风流。

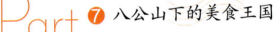

Part ❽ 芜湖街巷的小资吃食

这是一座现代城市，也是一座小资之城。小滋小味，小吃点心，沿江美食，在这里汇聚。为什么这里的人这样温柔？全因江水放缓了脚步。

旌德县

黄山区

黄山风景区　　上庄龙腾大酒店

全兴大酒楼　　　　　上庄镇

　　　　　　　　　　　　　绩溪县

黄山桃源农家乐

行吧哈民宿餐馆

黟县

徽府大院

徽州区

休宁县

黄山市
　　　　徽州美食人家

悦来小馆

屯溪区

Part 1

粉墙黛瓦下的舌尖诱惑

那年，迷失在徽州的山水中，不为粉墙黛瓦，只为一份毛豆腐，两只醉蟹，三只黄山炖鸽。觅山水，也要觅美食；一为心觅，二为身觅，两者同样重要。

徽州毛豆腐，餐桌上的笋板

店　　名：徽府大院
地　　址：黄山市徽州区潜口镇紫霞大道 134 号
电　　话：0559-3539977
推荐指数：★ ★ ★ ★ ★

孙中山在《建国方略》中说起豆腐："中国素食者必食豆腐。夫豆腐者，实植物中之肉料也，此物有肉料之功，而无肉料之毒。"而在山水风长气静、居民朴素聪明的徽州，当地人做出来的一盘盘豆腐，被码在货架上，等待慢慢长出一根根细长的白色绒毛。那感觉，像是贵妇人穿上了一件妩媚的皮草。

豆腐长毛了，日子止息了，洗手下厨，做豆腐，远山苍翠，马头墙静默，孩子在院子里玩着游戏，唱着"前世不修，生在徽州，十三四岁，往外一丢"的儿歌，毛豆腐在平锅里与调和油"谈着恋爱"，满院子的香，把徽州装扮得几近天堂的模样。

暮色四合，饥肠辘辘，到达古徽州寻找民宿的时候，在街道拐角处遇见一位老者正在煎豆腐，只见黄色的豆腐整齐地码在案板上，豆腐上是一层厚厚的白色绒毛，看起来非常柔软，柔软到让人有一种抚摸一把的冲动。吱吱的油给烧沸了，毛豆腐在平锅里安享油脂的浸润，葱花、辣椒丝、肉丁铺在豆腐上，如锦上添花，我顾不上手拖行李的狼狈，赶忙叫一份，倚在已然斑驳的青砖白墙上，吃得春风浩荡。

后来，和朋友们聚餐的时候，又去了一趟紫霞大道的徽府大院，在那里又一次认真品味了一把铁板毛豆腐的美味。细细品尝可以发现，他家的铁板毛豆腐的口感较一般的毛豆腐更加鲜美，香气四溢。

梁实秋在《雅舍小品·吃相》说道："人生贵在适意，在环境许可的时候是不妨稍为放肆一点。吃饭而能充分享受，没有什么太多礼法的约束，细嚼烂咽，或风卷残云，均无不可……"梁实秋说得妙，加之徽州毛豆腐这般好吃，一份吃毕，再叫一份。推窗远望，山清水肥，口中的毛豆腐在舌尖上倒腾着美味的道场，古徽州，我就以这样的方

让人垂涎三尺的毛豆腐

式靠近你!

有时候真羡慕这些生活在徽州的人们,可以每天吃着这样的美味,日子在他们的唇齿之间活色生香起来。这样的活法,才是真正的慢时光,慢得吃一盘豆腐,也要把往事回味得悠长。

一位诗人朋友来到徽州,吃罢毛豆腐后,写了一首诗歌:你发如雪,经不起岁月消磨,我似那已然等冷的锅,等你落在我的额,煎了自己的心,只为成全你的美,三分钟的热度,你还是要唱诀别诗。徽州好美味,朋友好诗情。一入徽州,再不会写诗,心中也会装着诗情,那粉墙黛瓦,那小桥流水,那担着小挑子兜售毛豆腐的小贩,那冒着热气的毛豆腐,引得游人纷纷回头,一切的一切,俨然在画中,那样令人动心。

毛豆腐在徽州,可是大有来历。相传,这是曾经救过朱元璋的一道美食。当时,朱元璋尚未称帝,正统帅兵将

毛豆腐令人回味无穷

正在油炸的毛豆腐散发着诱人的香气

上好的毛豆腐生有一层浓密纯净的毛

在徽州一带打仗。一次兵败逃至休宁，饥饿难耐，寻得百姓家长毛豆腐，朱元璋顾不得许多，只是将它烤熟了吃。谁知长毛豆腐竟是美味无比。朱元璋吃饱后，率兵打了胜仗，大为高兴，便命人做出长毛豆腐来犒劳三军。从此，毛豆腐便在徽州一代盛行开来。

那些从徽州走出去的官宦更是将毛豆腐这道连皇帝都喜欢的美食视为餐桌上必不可少的佳肴。在他们看来，毛豆腐和上朝时手里捧的笏板一样重要。我常常想，当他们每天上朝，手持笏板，会不会念念不忘毛豆腐呢？

胡适一品锅，
锅中汉堡包

店　　名：上庄龙腾大酒店
地　　址：宣城市绩溪县上庄镇杨林桥 15 号
电　　话：0563–8562999
推荐指数：★ ★ ★ ★ ★

名人与美食，似乎天生就有某种关联。走进绩溪，不得不尝一尝胡适一品锅。冠以"胡适"之名，显而易见，这份大菜，当然离不开胡适的功劳。你看胡适先生，文质彬彬，戴着一副眼镜，发型也似当下诸多潮人的酷，怎会和"煮夫"扯上关系？然而，这两者之间真真切切地架起了桥梁。

胡适夫人江冬秀烧得一手好菜，据说，江冬秀在烧菜

菜品丰富的
胡适一品锅

的时候，胡适专门去厨房端详，夫妻二人一同发明了这道"一品锅"。那些年，于右任老先生、学者王云五、著名作家梁实秋都是胡适先生的座上宾。

时至今日，胡适先生早已不在人世，但他研制发明的一品锅却成了一道名菜，也成为他的家乡宣城上庄的一张美食名片。想要吃到正宗的胡适一品锅，自然是要去上庄的，那里的饭店都有这道菜。只要去汽车站不出五十米，便能在上庄龙腾大酒店吃到美味的胡适一品锅。

坐在酒店里不久，这道菜就端上来了，它看起来像是一份由各种菜肴组成的"巨无霸汉堡"，锅分四层，也有分成六七层的，具体是哪些内容，不用我说，且看梁实秋先生的记载。他曾撰文记下来："一只大铁锅，口径差不多有一英尺，热腾腾地端了上桌，里面还在滚沸，一层鸡、一层鸭、一层肉，点缀着一些蛋皮饺，紧底下是萝卜白菜。胡先生详细介绍这一品锅，告诉我们这是徽州人家待客的上品，酒菜、饭菜、汤，都在其中矣。对于胡太太的烹调本领，他是赞不绝口的。"

由此来看，烹制一品锅，需要繁杂的工序，非一般厨师可为，做这道菜的时候，也需有耐心，否则，就成了街面上普通的涮锅。

这应该算是徽州最有排场的菜肴了，一上桌，香气立马聚拢了来，鸡肉鲜嫩、鸭肉醇香，各色蔬菜又恰好解了鸡肉和鸭肉的油香，让人感觉不油腻。一双双筷子也打起架，你伸胳膊我扬手，满口嚼出快意滋味。

出门去，满腹酣畅，口齿之间，还有些许可以怀想的书生意气，反复咂摸方才味道，那叫一个"得劲"！

腊味炒春风

店　　名：行吧哈民宿餐馆
地　　址：黄山市黟县宏村镇民宿
推荐指数：★ ★ ★ ★ ★

腊尾春头，在古徽州，做个乡下人是富足的。粉墙黛瓦屋檐下，楔满了木橛子，上面挂满了各色腊味。这些腊味可不一定非要在腊月吃，由于浸润了充足的盐，又沥干了水分，特别能放。它们在檐下，安享着岁月的风声、骄阳，绵绵的春雨也侵扰不了它们，偏安一隅，静待春天里的草叶葱绿与花朵斑斓。

待到乡间的油菜花长出了菜薹（菜心），腊肉就派上用场了。早晨，把腊肉切成片，打好一盆温温的活泉水，把腊肉泡在里面。挎个篮子出门去，野外，骄阳明媚，菜薹成畦地立在田野里，叶茎上，点点鹅黄。这时候，把菜薹采一些下来，放在篮子里，在春光里返程。背上，有暖暖的阳光痕迹。

采菜薹回家，腊肉已经泡好，这时候，烧开水，把菜

色泽鲜亮的腊肉
吃起来味道醇香

新鲜的菜薹

薹焯水。择一些蒜苗，些许花椒，放油少许，看花椒在滚油里汪洋恣肆地扩张着自己椒麻，这时候，把腊肉和蒜苗放进去翻炒，几分钟后，放入菜薹。素时蔬的鲜与腊肉饱经岁月的香碰撞在一起，就成了乡间三月最诱人的珍馐。

青翠的菜薹在腊肉的"照料"下楚楚动人，褐色的腊肉在菜薹的映衬下也返回了"青春"。多么默契的一对黄金搭档，它们像是一对恋人，讲着肉麻的情话。

在皖地，腊味常为猪肉所做，到菜市场买下有肥有瘦的猪肉一长条，码上盐腌制，待到第二年"二月二"，拌上面来煎食，犒赏一年的开端（自这一日起，龙抬头，人也开始忙活一年的营生了）。在江苏的妹妹家，腊味就丰盛多了，腌制的鸭子、鱼、老鹅、猪肉等应有尽有，他们多喜放在米饭上蒸食，充分激发腊味的香。四川、湖南等地，食腊味更盛，他们认为腊味上是寄存着乡愁的，当年，毛主席的警卫员回故乡，带回了腊肉和糍粑给主席吃，主席吃后大悦道："腊肉很好吃，糍粑也好吃，还是家乡的东西好吃一点。"这些腊味，一和故乡沾边，味道在厚度上立马就深入一层。

腊味，之所以这样受欢迎，不光胜在它的味道上，还

腊肉炒菜薹

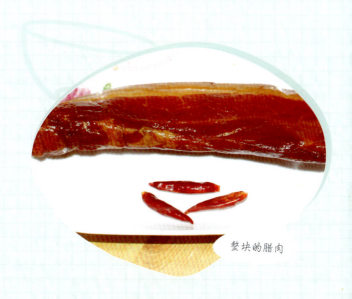

整块的腊肉

在于它的神秘感。从古至今，人们都喜欢吃新鲜的东西，认为食材放久了，就失去了食物的原香，腊味不然，放得越久，就越能饱览时光的风霜雪雨，就越能激发人吃苦耐劳的品性。吃腊味，其实还有一重人生的滋味在里面。

寒风退去，春风如约而至。这时候，把檐下的腊味够下来，厨房里飘来岁月的香，满院子充满了喜气。我的父亲是个浪漫的人，每次吃腊肉炒菜薹，他都会说，这道菜名叫"腊味炒春风"。

到徽州，必去宏村。宏村美食，必点腊味。想要吃正宗的徽州腊味，便要去宏村的行吧哈民宿餐馆，每个来到这里的食客，都以品尝一盘腊肉炒菜薹为美。事实上，腊肉炒菜薹是一道地道的徽州乡下菜，品尝到腊肉炒菜薹，便品尝到了徽州民众生活的精髓。

茶树菇也有乡愁

品　　名：茶树菇
地　　址：黄山市各大超市
推荐指数：★ ★ ★ ☆ ☆

　　我一直固执地认为，世间所有的菇，都是一朵花。菌菇长在潮湿的环境里，甚至是深山老林，无人问津，寂寞独自长。有些菌菇的生命极短，三两天就化作一摊泥，来也匆匆去也匆匆。所以，这辈子，每个能吃得上菌菇的人，都不应该在生活里叹气，那么好的机遇都被你的"食欲"给逮到了，你还愁什么？

　　去皖南徽州，在山间的小道上有村妇在兜售茶树菇，摊点旁放着一只炉子，上面咝咝地冒着白气，那里面炖煮的正是茶树菇。看我们停下来，她赶忙拿出小勺，用一次性餐具给我们盛上三两根，捎带一些汤汁，让我们品尝。

　　茶树菇入唇，我的味蕾就被一股香气击倒，在这种美食面前，丝毫没有免疫力，缴械投降。那菇真爽脆，那菌汤真幽香，好似经年的美味，自天来上，我们每个人都在品尝造物主的恩典。

村妇用手一指不远处那片山峦说："这些茶树菇全部都产自那里。"我顺着她手指的方向看过去，那片山，雾霭笼罩在半山腰，山上生长着密林，我仿佛看到茶树菇们，在密林里幽幽地安享着自己的静谧光阴。

买了茶树菇，正欲前行，卖茶树菇的村妇叫住了我，"先生，慢一些，我这里还有一小瓶山泉水，你一定要带上。什么水煮什么花，煮我们这里的茶树菇，就要配我们这里的山泉水才好，否则，茶树菇不服你们那里的水火，味道煮出来不喜庆。"

"不喜庆"，我还真是第一次听说，味道还有喜庆不喜庆的？难道茶树菇也有乡愁？

带着试探的心理我回到家里，用两个灶火煮起了茶树菇，一锅放了一些村妇给我的山泉水，一锅放的全部是自来水。奇怪的是，放了山泉水的茶树菇很快熟了，没放山泉水的茶树菇足足要晚了半个小时才熟。两份茶树菇放了

肉质鲜美
的茶树菇

一样的调料，放在嘴里一尝，放了山泉水的味道爽劲，另一个味同嚼蜡。

我信了村妇的说法，茶树菇果真也有乡愁。万物有灵，一根小小的茶树菇也有自己的水土，何况在一个地方生活了几年、十几年、一辈子的人呢？

什么水煮什么花，什么吃食就服它自己脚下的水土。人哪，只不过是有思想的花朵罢了，因此，他们对自己脚下的那方水土依赖得更加厉害。

吃完茶树菇的半年后，我又联系了安徽的朋友，想打听下哪里还可以买到这种食材，朋友告诉我，这种茶树菇现在在黄山市的各大超市也有卖的，味道也很不错。几日后朋友便从当地超市里买了些茶树菇给我捎来，同时还带来当地的山泉水。煮出来后的口感和我当初在村妇手里买的一样，都很爽脆幽香，非常美味。

茶树菇煮水，
简单中的美味

屯溪一夜醉了蟹

店　　名：徽州美食人家
地　　址：黄山市屯溪区老街三马路 22–26 号
电　　话：0559–2117694　13905591246
推荐指数：★★★★☆

秋风起，蟹脚痒。在这样一个季节去屯溪老街，当然要看皖南的山水，但我主要的兴趣点不在山水，而是屯溪醉蟹。

一入屯溪老街，我就满大街打听，哪家馆子做的屯溪醉蟹最好吃，哪家最有特色，出行三天，我要拿出两天的时间来和这道菜厮磨。是的，美食可不就是用来厮磨的吗？吃吃喝喝，犒劳的不仅是脾胃，更有心情。在徽州，放任山水骋游的同时，可不能忘记给身体加能量。

走进一家叫作徽州美食人家的饭店，阵阵香味飘来，我早已按捺不住，匆匆点了醉蟹，让店家先做。

吃醉蟹还是秋天好，这时候的蟹最肥，蟹"心宽体胖"了，我们吃起来更有内容。醉蟹是屯溪地区特有的吃食。

据说，发明醉蟹的是徽商，为了一单生意，想方设法地想取悦生意伙伴。他知道对方喜欢吃蟹，但对一般的做法早已不屑一顾，徽商思忖多个昼夜，愁得夜夜借酒浇愁。一次，他喝了一坛子徽州的封坛陈酿后，灵机一动，何不制作一道醉蟹呢！经过研究，一道绝妙的蟹菜诞生了。当开坛享用时，蟹香扑鼻，食之有蟹香之醇畅，有酒香之甘洌，一连吃数只，仍让人意犹未尽。

吃醉蟹，当在屯溪老街，找一个临窗的位子，手把醉蟹，揭开蟹盖，一股酒香便扑鼻而来。挖出蟹肉放进嘴里，一股细腻的肉质便在舌尖上化解开来，与之一起而来的还有浓烈的醇香。等到蟹肉吞下去，醇香依然浓郁，久久不散。

色泽诱人的醉蟹

掀开蟹盖就看到美味的蟹黄

漂亮的醉蟹摆盘

　　吃蟹望月，放飞思绪，那远天里的一抹银河，上面是不是也住着人家，也羡慕我所食之醉蟹，要不，怎会不停地变换姿势？那月宫里的吴刚，是不是也在为取悦嫦娥仙子，正用桂花酒制作另一种醉蟹呢？

　　这样想着，那晚，我吃多了，确切说是吃醉了，醉眼蒙眬里，看屯溪老街，望着马头墙上方的那角澄澈的天空，那银河、那月，是天上的街市，屯溪老街虽在地上，却丝毫不比天上的差，相反，还多了几许美妙的人间烟火。

晶莹的桃脂，
剔透的烧肉

店　　名：黄山桃源农家乐
地　　址：黄山市黟县宏村镇塔川村塔川景区内
电　　话：13395597406
推荐指数：★ ★ ★ ☆ ★

桃脂是什么，若非去徽州，我估计到老也不知道，更不知道这种东西竟然可以烧肉。

古徽州，山峦层叠，漫山遍野，多山桃。猴子、松鼠、野狼等在山间出没，在桃树上玩耍，弄伤了桃树，桃树就会分泌出一种桃胶来自我愈合伤口，这种桃胶黏稠，呈深褐色，远远望去，像是琥珀。桃胶经过太阳照射后，会蒸发水分，剩下来的桃胶坚硬地结在桃树上，成了固体。把这些桃胶取下来，放在清水里泡软，就可以烧菜了，最具代表性的菜肴就是桃脂烧肉。

桃脂烧肉乍一看很像毛氏红烧肉，实则不同，因为有了桃胶的参与，这份肉就有了更多的新鲜感和神秘性，更有清血降脂、缓解压力和抗皱嫩肤的功效，实属不可多得的佳肴。

感兴趣的话，你可以在塔川景区的黄山桃源农家乐里吃一顿桃脂烧肉。初夏，桃树坐果，空气里飘来的都是果木

烧肉香甜松软，
入口即化

桃树上溢出的
桃脂

的甜香。坐下来，老板娘就会介绍说，这道菜是古徽州居民喜宴必备的菜肴之一，吃来很有喜感，能下饭，桃脂烧肉吃毕，一切烦恼逃之夭夭。被赋予的这层含义让人对桃脂烧肉充满了期待。不多时，桃脂烧肉就上来了，肉色晶莹剔透，看上去很像皖北人吃的冰糖腥子，肉色红润，吃一口，满口酥软，香而不腻，两三块吃下去，仍意犹未尽，呼吸之间，口唇有桃香。

据说，旧时的文人雅士来黄山，在山脚下必定吃一份桃脂烧肉。尽管那时候的山野少有人家，需要走很远的路才能遇见一家馆子，但里面肯定有桃脂烧肉这道菜。文人们都是极其风雅且会自我排解之人，每到晚上，都会吃上一份桃脂烧肉，青灯黄卷下，举杯邀月时，呼之欲出的桃香，就算是"红袖添香"了。

由此说来，桃脂烧肉还是一道文人菜。是的，古往今来，文人与菜肴沾边的少吗？东坡肘子、东坡肉、胡适一品锅、《随园食单》《闲情偶寄》……就连外国作家大仲马也曾专门为美食写作，他的《大仲马美食词典》共有730套菜单，3 000种菜谱，被文人雅士誉为"美食圣殿""食侠小说"。如此事例，不胜枚举，只全因了一份兴致。

生态美味稻花鱼，清香扑鼻

店　　名：悦来小馆
地　　址：黄山市屯溪区老街
推荐指数：★ ★ ★ ★ ★

稻香茶暖，是乡间平和静美的景象。当然了，这些景象，在农人们看来，恰如一声鸟鸣，一溪流云，一片青绿，再平常不过。若是联想到美食，即便是普通的稻田也就有了可供"炒作"的意味。

在古徽州的稻田里，人们喜欢把鱼放在稻田里养，稻秧插秧成活之后，鱼就撒进去了，鱼在稻田的水里畅快地游泳，还可以以稻田之上生的害虫为食，纯天然，无污染，稻田还不用喷施农药了，这样的生态稻，放在市场上也很抢手。待到稻花香飘四野的时候，稻田里的鱼也肥美了，用这样的鱼做成稻花鱼，一上桌，就被抢食一空，很受食客们欢迎。在一个雨天，我和友人们结伴来到徽州，饭点儿走进屯溪老街的悦来小馆，据说这家店里的稻花鱼非常有特色。果然刚进去就听导游说："还是点一道我们这里的稻花鱼吧，稻田里生，稻田里长，生态美味你尝

淋了酱汁的稻花鱼更入味

尝。"

不多时，传说中的稻花鱼就上桌了，不大不小的一条鱼，一公斤左右，是烧出来的，上面依稀淋了些酱汁，估计是加上了蒜瓣，有一股蒜香。我夹了一块鱼放入口中，依稀有稻花香入味蕾，很有生态田园的风情。导游告诉我们，这种鱼煮汤也很好，很有山野气息，能养心。

好一个山野养心。徽州八山一水一分田，水与田参半，两者不分彼此，稻花鱼就生长在这样一片和谐的家庭里，是不可多得的健康美食。

有很多人说徽州稻花鱼是拿稻田来"炒概念"，稻田是被"绑架"了。我不这么看，空口说白话，空手套白狼的事情经不起历史的检验，到底是不是在稻田里养成，你亲自尝一尝就晓得了。

黄山风物数炖鸽

店　　名：全兴大酒楼
地　　址：黄山区黄山风景区汤口镇沿溪街50号（逍遥桥对面）
电　　话：0559-5561879
推荐指数：★★★★★

黄山，乃天下第一山；野鸽，乃是餐桌上的黄山。黄山炖鸽，应该算是数百年来最具有代表性的徽菜之一了。

2014年秋，我和一众文友到黄山采风，来到一家名叫全兴大酒楼的店里，几位文友一商量，既然从家里出来了，当然要尝尝当地的风味。对于美食的选材来说，古人云，"地上走的"不如"天上飞的"，野鸽是黄山周围餐风饮露的绝佳物种，饮的是黄山的甘泉，住的是黄山的茂林，吃的是黄山的草木和飞虫，自然得了黄山的地气。因此，到黄山，吃徽菜代表作"黄山炖鸽"，无疑是最佳选择。

同行的文友当中，就有一人是黄山的，他为我们介绍黄山炖鸽的做法。先将两只野鸽宰杀洗净，烧水煺毛，再扒去内脏，独留鸽肝等物。然后，烧一锅开水，把鸽子在开水里浸烫两三下，除去血水，接着捞出来再清洗一下，找一个大汤碗，把鸽子码好，加入山药、葱结、姜、冰糖、

汤头鲜美的炖鸽

料酒，浇淋鸡汤，然后找一个大盘子盖在碗口上，开火蒸煮约两个小时，翻开盘子，淋入熟鸡油即可食用。

吃炖鸽，是需要先喝汤的。舀一勺汤倒进嘴里，一股鲜香便在口中弥漫开来，所有味蕾也在这股清香里被打开。这时就可以吃鸽肉了。夹起一块鸽肉，伴随着袅袅热气放进嘴里，不用太费劲地啃，只需轻轻咬，鸽子肉就与骨头分离开，细细咀嚼，便发觉肉质酥烂浓香，再配上爽口的山药，二者融合在一起，其味道的厚度与高度，堪比黄山之巅。

采风按理说是一项艰苦而又耗费体力的工作，但是，一个月下来，我竟然长胖了。后一回想，当属黄山炖鸽的功劳。鸽子本身就具有良好的滋补效果，况且是野鸽，肉质紧致，更加香醇，加之野鸽令我胃口大开，每一顿我都多吃了一碗饭，一个月下来吃胖几公斤，实属正常。

采风，就是了解那里的风物，只不过，这一次我从美食开始，领略了黄山炖鸽之后，万千风物在黄山的怀抱里都黯然失色。

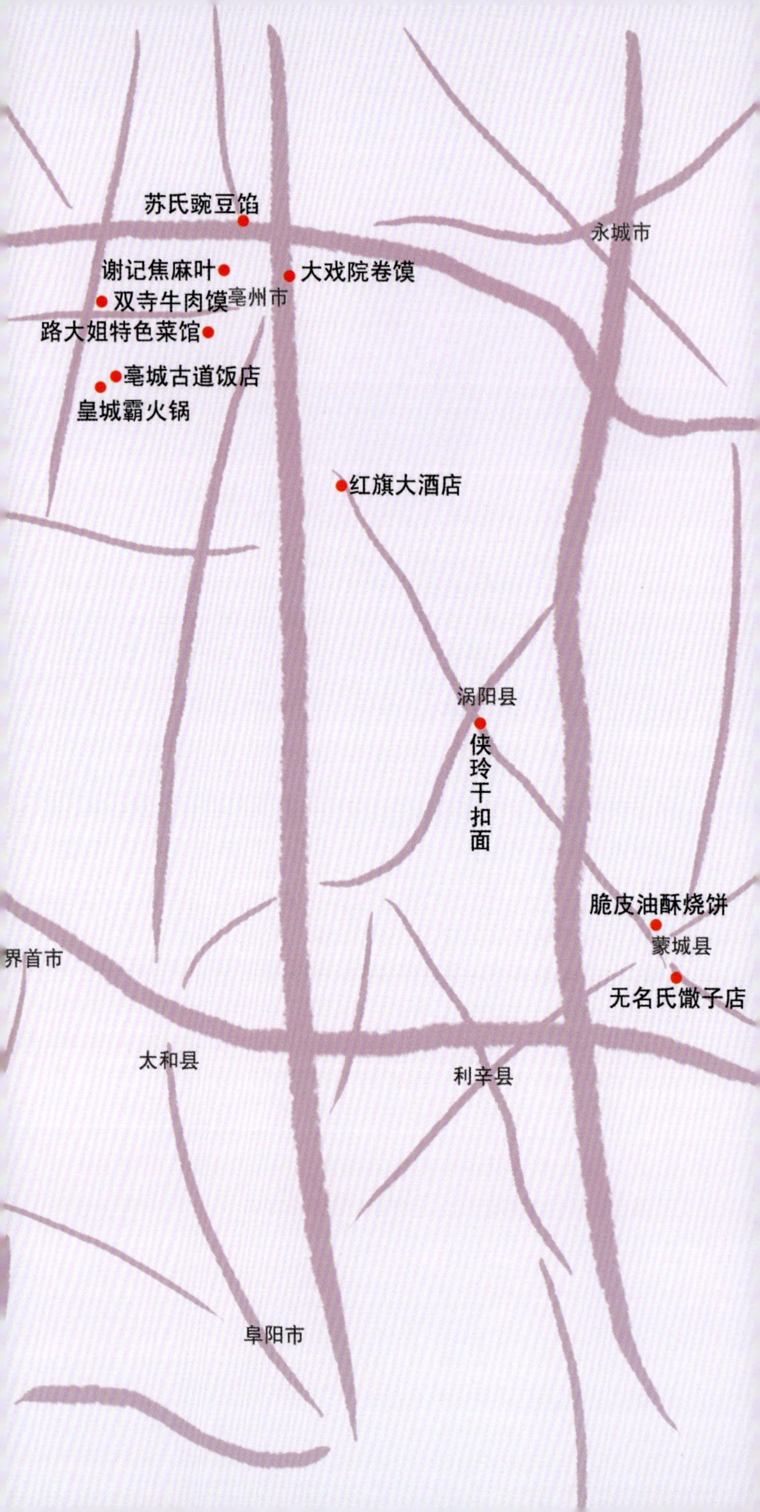

苏氏豌豆馅

谢记焦麻叶　　大戏院卷馍

双寺牛肉馍 亳州市

路大姐特色菜馆

亳城古道饭店

皇城霸火锅

红旗大酒店

永城市

涡阳县

侯玲干扣面

脆皮油酥烧饼

蒙城县

界首市

无名氏憨子店

太和县　　　　利辛县

阜阳市

Part 2

曹操故里亳州
的别样味道

平畴沃野的皖北，先哲名流辈出，英雄人物遍地。曹操曾在这里著有《四时食记》，也曾从这里出发，为汉献帝带去九酝春酒。自古英雄好美食，英雄在，美食也就丰盈。

曹操家宴全席

店　　名：亳城古道饭店
地　　址：亳州市谯城区三曹路 133 号（近光明路）
电　　话：0558-5166999/5598989
推荐指数：★★★★★

先说大菜。这一日，曹操伐袁绍大胜而返，就想着亲自下厨，烹饪一道菜来犒赏有功之臣。曹操做菜和做人一样随性，他把厨师喊过来，"目前都有什么食材可用？""回将军，只有一些竹节虾，还有一些鸡蛋。""速速

曹操不光是位出色的军事家、文学家，鲜为人知的是，这样一位权倾天下的男人，还是一位美食家。古人云，一屋不扫，何以扫天下。曹操既是一位能扫天下的魏武帝，也是一位能扫一屋的煮夫。东汉末年，诸侯征战，世事如烹，曹操在连年征战中，不忘躬身走进厨房，亲自烹调佳肴，犒赏谋士武官。曹操手下门客如云，不能不说，与他烧得一手好菜有关。

日有所烹，夜有所记，曹操把自己日常发明的美食佳肴，一一记录在木牍上，这就有了后来的美食专著《四时食制》。这本书里到底记载了哪些具有代表性的美食呢？

备好，我要亲自下厨。"

曹操在营帐之内一通忙活，厨子给他打下手。竹节虾洗干净后，挂上面糊，下油锅炸熟，煞是好看。曹操把炸好的竹节虾摆在盘子四周，盘子中间用鸡蛋和面粉煎制了一份心形的鸡蛋饼。这道菜就做成了。

曹操不光自己善于独创美食，还注重搜集美食。

公元 200 年，正值官渡之战，一日，一位士兵偷偷在沟渠中捉了几条泥鳅，用荷叶包着烧炙。曹操看到后，便去问个究竟，原来，因军中一位战友体弱，该士兵特去捉了几条泥鳅为战友补身子。曹操眉头稍稍舒展，问："泥鳅之腥，常人难耐，有何滋补可言？"士兵微微抬头说："斗胆请将军亲尝。"曹操果真尝了士兵所做的泥鳅，味道鲜美，堪比盘龙鳝。曹操笑了说："方才吃了你做的泥鳅，味道鲜美。"后来曹操把这道菜稍加改良，取名为"官渡泥鳅"。

这一日，曹植朋友送来驼蹄肉，曹植做好为父亲送来。

竹节虾

曹操吃后大呼美味，忙问："可曾取好名字？"

曹植道："熬制此羹所选材料来自故乡亳州药市，融合了人参、枸杞、桔梗等7种中草药，谓之七宝羹。"

"七宝羹虽好，但没有突出驼蹄肉，不若'驼蹄羹'好。"曹操道。自此开始，驼蹄羹就成了曹操招待贵客的菜肴。此菜肴后来代代传下来，直至唐朝，玄宗还为杨贵妃熬制此羹，深得杨贵妃的欢心。

公元213年，曹操回故乡亳州行至涡河岸边，见河边一茅舍里炊烟袅袅，香气扑鼻，就下马推开农人的柴扉，望见一位老妪正在烧制一道菜肴。曹操上前一揖，老妪忙起身，见是位骑着高头大马的贵人，忙盛了一碗刚刚烧制的鸡端上来，曹操饥肠辘辘，一口气吃了个精光，餐毕，曹操向老妪讨教了鸡的做法。后来这道菜就成了曹府的私房菜。曹操欣然以自己的名字命名为"曹操鸡"。

在亳城古道饭店，可以看到有关曹操制作的美食有40道之多，除上述所荐，还有羹鲶、华佗圆子、魏都莲房、貂蝉拜月等。单纯从菜肴种类上来看，足以证明曹操是一位"美食控"，而他的家宴全席，也自然是美味无边。

鲜嫩可口的鸡肉

一碗筋道牛筋面

品　　名：牛筋面
地　　址：亳州市涡阳县第四小学对面涡阳四小小吃街
推荐指数：★ ★ ★ ★ ★

🍲 ☀ 🌙 ☁ 👤

我一开始对牛筋面这种吃食是很抵触的。我甚至还一度怀疑，牛筋面里一定是添加了什么化学物质，后来了解到我一位同学家里就做牛筋面，便饶有兴趣地去看了一看，目睹了制作牛筋面的全过程。软软的面粉被做成了如此有嚼劲的"牛筋"，味道美得不可思议。

原来，制作牛筋面的唯一原料是面粉，和好面之后，放在温水中浸泡，然后沥去多余的水分，放进牛筋面机子里，神奇的机器就吱吱啦啦地把牛筋面爆了出来，如制作小时候爱吃的江米棍。做好的牛筋面软软的，上面有小孔。这样的面，吃起来有气泡感，绵糯爽脆，经过这样一番制作，催生了淀粉的香。我的同学家住古城的小巷深处，课余时间，他就骑车驮着一捆捆牛筋面，送往各大餐馆。

在亳州的各县城，牛筋面是一道大众美食，随处可见，它们口感各异，其中涡阳县四小小吃街上的牛筋面最有名。只要是涡阳县人回到家乡，都会迫不及待地去那里吃一碗牛筋面解馋。

牛筋面有三种吃法。

凉拌。把干牛筋面放在热水里浸泡到柔软，切成段，与黄瓜丝、辣椒油、芝麻酱放在一起凉拌，上面放上些许荆芥。味道鲜美，颜色也可人。看上去，牛筋面似美妇人，黄瓜丝与荆芥是她的发卡，辣椒油是她的红妆，真可谓秀色可餐。

炒着吃。可与蘑菇、胡萝卜一起炒。蘑菇切成条，胡萝卜切成丝，油锅爆香葱花，把蘑菇先下锅，翻炒几下，胡萝卜丝与牛筋面一起下锅翻炒。边炒边放入事先煮好的

刚做好的食材牛筋面

凉拌牛筋面

高汤，直至炒至汤汁噙在面里，若隐若现为好。牛筋面做起来繁琐，不过它的口感是绝对对得起这份繁琐的。牛筋面非常筋道，入嘴软滑有弹性，味道香浓，吃一碗这样的牛筋面，味蕾绝对醰畅无比。而牛筋面上的"蜂窝"吃起来如与智者对话，唇齿之间有洞明之气。

做成汤面。这种下汤的做法与做面条无异，可以与番茄一起，也可以适当放一些牛肉酱。若想让牛筋面的味道更足一些，可以放上鸡肉、羊肉或卤牛肉，卤香四溢，面香扑鼻，浑然天成，一碗吃下来，醰畅淋漓，全身通透，心境豁然洒脱。

在皖北，是小麦的主产区，这里的人也精于面食烹饪，吃牛筋面，在这里有天时地利人和的优势。在早春的城市，护城河畔的柳色吐绿，走进街边一家小馆，吃上一碗牛筋面，出门满目都是融融春意。

能包风月的烙饼

店　　名：大戏院卷馍
地　　址：亳州市谯城区希夷大道大隅首 18 号
电　　话：15556705808
推荐指数：★★★★★

在亳州，有一种名叫"水烙饼"的美食，它是一种独特的地方美食。这种美食在亳州的街头巷尾都能看到，可以打包带走，也可以坐在餐馆里面慢慢细品。在亳州希夷大道的一家名为大戏院卷馍的餐馆里，就能吃到这种美食。

吃一张水烙饼，薄且透亮，面粉的筋道与甜香扑面而来，在这样一张饼里，用竹筷子夹上一些绿豆芽、青椒土豆丝、鸡蛋、蒜，舀上一勺芝麻盐，一卷而就，满嘴响彻，在那初春的街头，空气里充满着苏醒的气息，和我手里的饼搅在一起，吃得人味蕾上春暖花开。

亳州水烙饼，也被称为亳州水烙馍，清水和面，无须发酵，且用那小擀面杖擀得"飞薄"（父亲的俚语，意思是薄到振翅欲飞）。锅上的水已沸腾，笼屉上铺着一层纱布，水汽从纱布的缝隙里冲出来，升腾起一圈水汽。把擀好的烙馍放在纱布上，盖上锅盖，再擀另一张，再放，如是再三，当烙馍在笼屉里积存到二十张左右时，盖上锅盖，猛火蒸一会儿，就可以出锅了。

把出锅的烙馍一张张撕开，由于擀面的力道把面分成了独立的个体，烙馍之间并不黏腻，水催熟了面粉的香，却不让它们纠缠在一起，独立其个性，透亮其体格，没有哪一种美食可以这样大方得体，这种烙馍被称为"水烙馍"。

我看有人画水烙馍，竹子做的小筐子，里面摆几张水烙馍，旁边放的是大头菜，粗糙的碗碟，旁边有一老者，吃得津津有味。整幅画古拙优雅，有些知足菜根香的意思。画的题款却是"风月无边，尽在其中"。此风月，定然是大风雅，和平常概念的"风月"丝毫不相干。一张水烙馍，用它薄薄的肌肤，包容万千味道，打的是美食的组合拳。也可以说是抱团"忽悠"你的胃口，让你大快朵颐，也让

水烙饼

正在包馅料的水烙馍

你春风得意。

我见过街边做水烙馍的女子挥动擀面杖的情景，擀面杖裹着一团面东突西奔，似打太极，面团越擀越圆，足足有一个青花瓷盘的大小，她拎着水烙馍唰地一下扔进笼屉里，动作麻利，好看至极，像是在表演杂技。

早些年，村子里的老徐相亲，劈面就问人家，会做水烙馍不？别人若答"会"，他就继续搭话，若是摇头，他扭头就走，丝毫不给对方面子。边走边念叨："连张水烙馍都不会做，要你作甚？"

老徐至今单身，他那点家产被他挥霍殆尽，如今的他，守着三间瓦房度日。值得一提的是，他家的厨房拾掇得十分利落，尤其是擀面杖，长短大小足有五六根，全是他做水烙馍用的。老徐坦言，一个人，一张水烙馍，过一辈子，两不亏欠。由此可见，老徐把自己的一辈子都包在一张水烙馍里。

俗世的风声、琳琅的月，都为一张水烙馍，我宁愿坐在春风里，像那老徐，且饕餮，且自足。

春节的图腾麻叶子

店　　名：谢记焦麻叶
地　　址：亳州市华祖庵景区东
推荐指数：★ ★ ★ ★ ★

在亳州过年，各家各户都要炸麻叶子。这曾经是专属于亳州的一种过节美食，只有年节才能吃到。不过现在已经有人开店，专门制作炸麻叶子供人们平日里解馋。在众多的店里，数位于市区中的谢记焦麻叶最受食客们欢迎，这是因为他家店里的麻叶子分外焦酥香脆。

麻叶子，顾名思义，离不开芝麻。皖北麻叶子与湖北麻叶子不同，湖北麻叶子是一种甜食，用糖与芝麻做成，也就是所谓的芝麻糖。皖北麻叶子的味道是咸的，把面粉和芝麻"缔结"在一起，油炸而成。

和一盆好面，面里随着作料撒上芝麻，如把满天星星撒到了天空里。然后用小擀面杖在案板上擀至"飞薄"，然后用刀划成麻将牌大小的菱形小块，放在院子里晒。待到"日光浴"晒充足了，稍微用力，面片儿就可以捏碎。这时候，放在油锅里炸，芝麻的香就被沸油催发出来，异常诱人。等麻叶子炸至微黄，即可出锅，放凉之后，焦酥可口，尤其适合在春节前后吃。

　　记忆中，小时候去邻居家拜年，他们都会拿出来自家炸制的麻叶子来招待客人。客人都会称赞道，"比我家做的还香"之类讨主人开心的话，边吃边聊，一年就这样在麻叶子的味道里浸润度过。

　　我幼时喜欢用热馒头夹着麻叶子吃，七八岁年纪，通常就能吃下两个馒头，都是那一把麻叶子开了胃口。热馒头一掰两开，中间放上一小撮儿麻叶子，合起来吃，热馒头的软反倒更加衬托出麻叶子的香，让人越吃越起劲。

　　年到头，岁到尾，人总要想着用吃食来犒劳辛苦了一年的自己。现如今，人们的经济条件一天比一天好，大鱼大肉已成了平时餐桌上的寻常食物，但人们对麻叶子这种传统食品的喜爱却有增无减。

　　蛋糕是西方的产物，插上蜡烛能许愿。但在中国皖北，麻叶子也是可以许愿的美食，麻叶子上面的芝麻，有节节攀高的寓意，每一粒芝麻就代表一个愿望，芝麻越多，承载的希望也就越多。

酥脆可口的
麻叶子

在蒸面条菜中回望祖母的爱

店　名：路大姐特色菜馆
地　址：亳州市谯城区利辛路
电　话：0558-5521099
推荐指数：★★★★★

个人走得远了，总喜欢频频回头。一个人的胃口阅食无数之后，总爱吃一些"回头菜"。

近些日子，总想起故乡的麦田。春天的乡村，俯拾即绿，三步之内，必有芳草在挠你的瞳孔。挎着个提篮往田间走，绿油油的麦田，让人有种抑制不住想跳上去的冲动，睡个好觉。

手里握紧三寸小铲，弓着腰，在麦田深处踅摸，不多会儿，就能挖到半篮子面条菜。这种面条菜，叶面极其匀溜，宽度和面条无异。把面条菜连根挖出来，可不是为了下面条锅，而是为了做蒸菜。

春三月，蒸菜是菜肴皇后。祖母常常回忆起她做面条菜的情景，在麦田里挖来，在清澈的溪水边洗净，拿回来再用井水把面条菜洗一遍，让水润润的面条菜在春光里歇一歇，烧上半锅开水，上箅子，铺纱布，给面条菜拌上面，码在纱布上蒸。水沸三滚，蒸菜出锅，趁着热乎劲儿，撒上盐巴，拌上麻油，一股草木的香扑面而来，直击你的味蕾。在我少年时，曾有幸多次吃到祖母做的蒸面条菜，印象中，我每次都是要连吃两碗才肯罢休的，直吃得腆着肚子出门去，一整天，总觉得有万千根面条菜在我的肚皮里开起了大合唱。

近两年，私房菜馆逐渐兴起，一次偶然的机缘，走进市区一家名叫路大姐特色菜馆的店面，辗转迂回，下楼梯到地下一层，遇见服务员正端着一盘蒸菜。我近乎惊讶地发现，她手里的一盘菜恰是久违多年的面条菜。

一个人，阔别一道菜，淡远一种味道，此去经年，久别重逢，如晤老友，闲不住的是口舌。一道菜是一种性格，这种性格与做菜的厨师有关。同样的食材，不一样的人来做，味道也不同，即便是同一个人来做，人的状态有异，

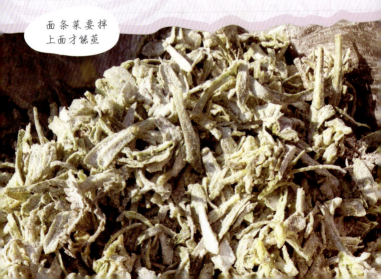

面条菜要拌上面才能蒸

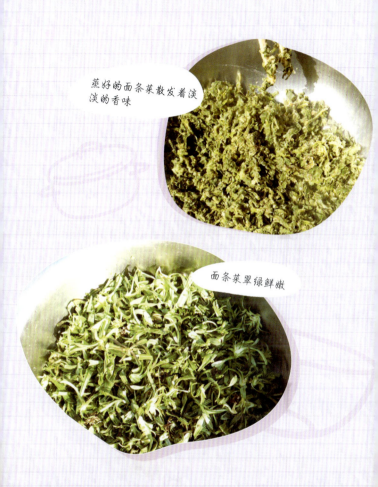

蒸好的面条菜散发着淡淡的香味

面条菜翠绿鲜嫩

味道也有差别。然而，这次在路大姐特色菜馆吃到的蒸面条菜，原原本本地还原了祖母当年所做的味道。估摸着，这与餐馆主人路大姐的年龄和当年祖母的年龄相仿不无关系吧。

再回首，已匆匆 20 年，在我远离面条菜的这些时日，祖母往生，我也由青葱少年转至而立，觥筹交错、菜肴消磨的这些年，我心里一直握着一棵面条菜，没有放下。

涡阳干扣面，
一碗大道

店　　名：侠玲干扣面
地　　址：亳州市涡阳县淮中大道
推荐指数：★ ★ ★ ★ ★

提及涡阳最具名片式的元素，除了道教鼻祖老子，就要数干扣面了。有人说，到涡阳，必吃一碗干扣面，而在涡阳县的一家名为侠玲干扣面的小店则将这种美食带到市里，以供更多的食客享用。

滚滚的涡河水在这里蜿蜒流过，在皖北的腹地上，这里的水土柔媚，做出来的面自然也颇具质感。干扣面就诞生在这片土地上，裹挟了皖北的风花雪月，浸润了皖北人的性格，让人想到了力道的美学。

干扣面是一种极硬的面。盘面的过程较长，要揉搓进万千力道进去，这样的面硬实且有韧劲，轧制出来的面条几近半干，在手腕上缠绕三圈不折。

干扣面的配菜十分讲究。要用皖北大地上生长的黄豆做成的黄豆芽，焯水后，把豆芽盛放在碗里，豆芽汤是上好的汤，可以供食客们吃面后饮用，有原汤化原食的功效。吃干扣面，离不开大蒜，干扣面极具口感，大蒜有开胃的功效，二者配合在一起，口感更好。据坊间人相传，皖北大地上盛产的大蒜，还有滋阴壮阳、抗癌的功效。还有一种主要配菜，就是地羊，也就是狗肉。在皖北，自三国曹操始就有食狗肉的习俗，曹操曾亲自为三军将士烹饪狗肉，能吃到曹操所烹狗肉的，可不是一般的将士。狗肉用手撕过，调匀，铺在干扣面的上面，也有滋补的功效。

　　我一直认为，吃食是能够反映当地文化的。这样一碗干扣面，干，滤去了其中的水分，代表了皖北人刚毅的性格；扣，代表了皖北人干事雷厉风行、爽利干脆的作风；

干扣面

面，看似柔，实则刚，寓意皖北人守柔若刚的智慧。食面的皖北人，做事的风格像这面，有头有尾，长长久久；做人的原则也像这面，清清白白，匀称如一。

一碗面，知乡愁。行走在外的涡阳人，每提故乡，首先映入脑海的就是干扣面，吃食在人的情感底片上留下了深深的印记，一触及就立时被人念叨。念念不忘一碗面，不光是因为这碗面的美味，更多层面上，是因为美食身上所负载的文化风俗，这是人心灵深处永远无法"格式化"的程序和密码。

俗世如烹，我们每个人都是情感的厨师，亲自烹饪红尘这道餐桌上的珍馐，有时候，才动刀勺就已经在我们心灵的几案上散发着诱人的香味。在很大程度上，我们情感的灶台是永远不熄火的。

吃面，不说了，啧啧，面都凉了……

面条上撒上辣椒面更爽口

蒙城馓子，
油锅里盛开的花朵

店　　名：无名氏馓子店
地　　址：亳州市蒙城县庄子大道
推荐指数：★★★★★

　　　奶奶说，馓子是油锅里的花朵。奶奶一辈子围着锅台转，没有上过半天学，却能说出这样的话，我相信，是锅台给她的灵感。

　　我曾见过奶奶做馓子的情景。麻油和面，里面放上些许黑芝麻，奶奶说，黑芝麻是馓子的眼睛，没有它，馓子做得再好看，也便没了神。面和好后，用擀面杖把面擀至长长的一段，中间用刀划开，成面条粗细，两端紧密地连接在一起，约莫五厘米，为一个馓子，拎起来，两端捏在一起，或是成对角线状捏合，馓子就做好了。这时候，把馓子放在七成热的油锅里，翻两个身，停顿两分钟，待馓子成金黄色，即可出锅。捞出来的馓子放在竹筐里，控油晾凉，焦酥可口，在旧时的农村，每到过年才有机会吃到馓子，这可是待客的最高礼节。

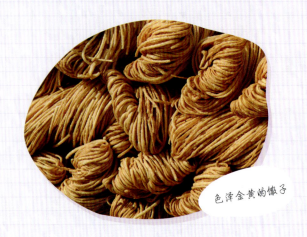

色泽金黄的馓子

　　旧时的农村，婆婆对媳妇要求较多，在皖北，常常听老年人这样说："麻叶小馓子，婆婆给我好脸子。"意思是，年轻媳妇若是会做麻叶和小馓子，婆婆会对媳妇笑靥如花。一种美食，改善了婆媳关系，这是美食的贡献。

　　馓子也分大小，以上所说的是小馓子。大馓子和小馓子形状不同，在馓子的线条上，两者粗细相差无几。大馓子无须提面来捏，而是一长条缠成环状，放在油锅里炸制，炸出来还是环状，这对和面与炸制的手艺要求都很高，旧时是纯手工制作。如今，已然有机器帮忙，线条上匀称了许多，只是少了一些朴素的美感，越发有了工业化的味道了。

　　在皖北吃馓子，数蒙城最为著名。我曾有缘在无名氏馓子店吃过一次蒙城馓子，黄如金镯子，酥比麻花子，香如焦丸子。吃馓子，是一件雅事，远远要比啃排骨雅得多。馓子拿起来，一根根嚼在嘴里，面粉在油脂的催化下，纹理细腻绵滑，些许的黑芝麻，冷不丁地给你制造着惊喜，它在味蕾上给你罩上了一顶美食的"伞"，让你私享着美食带来的愉悦。

牛肉馍，
亳州人餐桌上的太阳

店　　名：双寺牛肉馍
地　　址：亳州市谯城区人民路七心宠物会所附近
推荐指数：★ ★ ★ ★ ★

在皖北亳州，每到清晨，全城都飘着同一种香味，那就是牛肉馍的香。牛肉馍，因为双面被煎成黄彤彤的颜色，看上去像是应景出现的一轮太阳。只不过，它是落在百姓人家的餐桌上。

当然，也有人觉得牛肉馍像飘在空中的黄云，不管是黄云还是太阳，都在印证着"此食只应天上有"，贵乎稀有，弥足珍贵。

亳州是全国四大药都之首，这里的人也多以面食为主。以筋道的面为"衣"，以成千上万种中药材为作料，以地道的黄牛肉为馅儿，再佐以粉丝，包在一起，就是一个美食的道场。

牛肉馍的面，要用香油和，和出来的感觉绵软黏，包

裹起馅儿来，丝毫不外露，如老鸡护雏。牛肉馍馅儿里的
牛肉，不能单纯以精细的牛肉来做，还要用一多半牛骨上
刻下来的牛丁来入料，紧挨着牛骨的肉，最香最筋道，吃
起来才不会有疲沓的感觉。牛肉馍里的粉丝，要用本地产
的红薯粉来做。一方水土养一方人，也在成就一方美食。
有个词叫"原汤化原食"，其实，做美食，也讲究气场上的
统一，黄牛肉、黄土地上的面粉和粉丝、地产作料，统合
在一起，这才能吃出地道的亳州味道。

看起来酥脆的
牛肉馍

牛肉馍切块吃
起来更方便

　　用上述食材调好牛肉馍的馅儿，包在面团里，擀平成圆盘状，在炭火上坐上平锅，倒入调和油，油热时，把牛肉馍放上去，用文火烔烤，一般七分熟时，翻过来烔另一面。半小时左右，才能做好一锅。用大刀在砧板上咔嚓咔嚓地沿着"圆心"切开，你要一块，我要一块，三下五除二，一锅牛肉馍就被抢个精光。

　　牛肉馍外皮酥脆，馅儿里飘香，负载着皖北地区劳动人民的勤劳美德。随着食客们的关注，它以脂香、脆爽的口感进入大众视野。在亳州的街道上，总是很容易就能寻到牛肉馍店并饱餐一顿。在多家牛肉馍店里，双寺牛肉馍这家店因为口感分外香脆而备受食客喜爱。

　　吃牛肉馍，要配亳州地道的咸马糊，还有亳州地产的大蒜，咸马糊和大蒜都可以解腻，增加牛肉馍的口感。拿起一块牛肉馍，咬一口，便发出清脆的声音，细细咀嚼，牛肉细嫩却不油腻，味道香浓，让人欲罢不能。

　　吃牛肉馍，特别能"抗饿"，通常清晨七八点吃上一块，正午时分不吃饭，也不感觉到饿，这是旧时亳州人的智慧，他们把更多的时间用到辛勤的劳作上，只争朝夕地耕耘在黄土地上，用一季的丰收换来更多的美食。亳州是曹魏故里，也是道源圣地，每年来这里旅游的人络绎不绝。每到亳州，他们都要在清晨走到明清老街深处，去吃上一块地道的牛肉馍，然后，攒足了劲儿，再把亳州的景点逛个遍。

　　有这样一句俚语"天上日头，地上牛肉，做成馍馍，吃出奔头"。在他们看来，吃牛肉馍，就是享受眼前的光阴，能吃出好彩头，也能吃出好奔头。美食中蕴含着美好的愿景，我想，这也是牛肉馍所能传递的另一种心香。

油酥烧饼里的蝶影

店　　名：脆皮油酥烧饼
地　　址：亳州市蒙城县玖隆国际步行街 3 楼外 B309
电　　话：15345676686
推荐指数：★ ★ ★ ★ ★

提及皖北美食，一定少不了蒙城油酥烧饼。蒙城是庄子的故乡，一座文化底蕴非常丰厚的城市，在美食上，也不输其他的地方。尤其是民间小吃，譬如撒子、小笼包、烧巴子……不过，最具代表性的当然还是油酥烧饼。

这块起源于清朝道光年间的薄饼，浸润了皖北大地上芝麻的香和面粉的甜，吃起来酥脆可口，让人惊叹，原来面粉也可以幻化成如此美味。

皖北大地上的地产芝麻，用水淘去秕的，留下的粒粒饱满。精面粉，用盐水来和，盐水要根据季节不同，调整好比例，面要筋道，才能把淀粉的弹性充分激发出来。作料也很讲究，用八角、花椒、葱丝、猪油等调制，提味效果非常好。和面成带，带若鞋底大小，分成巴掌大的一段段，上敷芝麻，贴在炉壁上。炉火一定要用木炭火，而木炭一定要选取一些带有甜味的木材，这样才能充分与面粉和油脂融合，烘托出醇畅的饼香。

如有你到了蒙城，到各大餐馆，上主食的时候，一定

美味的烧饼

烧饼和豆花汤搭配
更美味

少不了油酥烧饼。如果你想要打包带走回家慢慢细品的话，也可以在路边的烧饼摊点买。在蒙城，玖隆国际步行街有一家名为脆皮油酥烧饼的店，他家的烧饼就非常美味。

这样小小的一块饼，薄如纸，吃起来的味道却翻江倒海，厚实得很。油酥烧饼的酥是有特点的，一掰即碎，像是一只只蝴蝶的翅膀。咬一口，细薄的油酥便在嘴里一层层散开来，很快就将舌尖占满。细细咀嚼，便发出细细碎碎的声响，不过这种声响经常被人们忽略，因为在这个过程中散发出来的香味太浓郁，已经占据了全部的感官。

蒙城正在打造蝶城，庄周的故乡，怎能缺少蝴蝶的痕迹？油酥烧饼也不甘寂寞，片片酥脆，也化作了蝶影。如此，庄子幸甚，蒙城幸甚。

街边烧饼摊

咸马糊，淡马糊

品　　名：马糊
地　　址：亳州市谯城区大隅首街边小吃摊
推荐指数：★ ★ ★ ★ ★

我 曾不止一次向人推荐故乡亳州的小吃，其中，马糊就是一例。

马糊分两种，一曰咸，一曰淡，因此，在亳州吃早餐，真可谓"咸淡两由之"。

清晨吃淡，清爽肠胃。做淡马糊的人通常要凌晨两三点钟起床，把昨晚事先泡好的黄豆舀一勺子，放到石磨上，黑驴拉动石磨，白色浆液汩汩流出，收集这些浆液，在锅灶内煮沸，再放入一些淀粉，略微加工一下，马糊就做成了。做好的马糊，浓稠似酸奶，稍微一放，上面就会结上一层奶皮状物，吃起来，满嘴都是豆香。

尽管"马糊"与"马虎"读音相近，但皖北人对待饮食，却一点都不马虎，淡马糊做好之后，还不算完事。为

刚出锅的淡马糊

加上调料的
淡马糊

　　了给马糊增添一些口感，人们还会事先煮一些盐水黄豆，或是把大头菜、腌胡萝卜切成丁，撒在马糊上面。吸溜马糊入口，咸菜丁与黄豆也跟着在唇齿之间发挥作用，奇香无比。淡马糊香糯黏连，口感清爽淡香，吃起来非常舒服。

　　咸马糊的磨制过程与淡马糊相同，不同的是配料。事先切成丝的薄豆腐，炸花生米，用石杵捣碎，海带也切成丝，放一些黑芝麻。作料放上打成粉的八角、桂皮、花椒、胡椒等，在一起熬煮。三碗熬成两碗，两碗熬成一碗，直至马糊足够黏稠，即可出锅，碗里再点缀些麻油，一股浓稠的香味扑鼻而来。咸马糊吃到嘴里，口感醇厚绵长，让人回味无穷。

有美食家把美食形容为"碗里江山"，其实，这个词用来形容咸马糊最合适，包容食材之多，味道之厚，一碗在握，果腹悦心，实为一碗江山在握，千军万马入梦来。

在皖北喝马糊，很少有进店面的。多为路边小摊，尤其是在老街深处，马糊挑子摆好，迎着晨曦且吃，一碗淡马糊养出一天的好脾胃；黄昏时分，卖马糊的小旗子一招展，食客们就蜂拥而来了，伴着落昏吃下，感知到的是富足与安稳。美食入口，街景养心，且吃去，任它人潮汹汹，我且端着一碗马糊，静享流年如糊。

咸马糊

吃一块豌豆馅儿，
岁月厚实

店　　名：苏氏豌豆馅
地　　址：亳州市谯城区曹巷口
推荐指数：★ ★ ★ ★ ★

豌豆馅儿是皖北地区特有的吃食。皖北尤其是亳州的豌豆馅儿，多用纯豌豆制成，豌豆要在灌浆成熟以后采摘下来，这时候的豌豆最鲜，粉也足，香气四溢。用这样的豌豆放在石磨上研磨一下，待到豌豆成瓣儿状，瓣儿下面有少许的豌豆粉，这就可以了，然后拌上砂糖、桂花蜜，上锅一蒸，厚厚地码在蒸屉里，走街串巷地去叫卖，遇见买家，就用刀切一块下来，这样的豌豆馅儿，冒着香气，很是诱人。

因为豌豆馅儿深受亳州人的喜爱，所以制作者不用走街串巷这般辛劳，他们固定一个摊位，就能引来无数顾客，曹巷口的苏氏豌豆馅就是这样诞生的。每天，他家都会将青黄松软的豌豆馅儿摆出来供食客们买了去解馋。

豌豆馅儿

　　豌豆馅儿不仅仅是平民吃食，也是高档餐桌上的"常客"，可谓是"入得了厅堂，下得了厨房"，游刃有余地穿梭在尘世间，回馈着人们的味蕾，也滋润着食客们的心灵，俗世如绘，我们都是在美味里悠悠享受着的食客们。

　　皖北地区的老年人形容人日子过得甜蜜，喜欢这样说："瞧瞧人家，日子过得多甜，像豌豆馅儿一样。"旧时候的皖北，经济并不殷实，那时粮油短缺，甚至没有足够的细粮吃，只能掺些杂粮在里面吃，譬如能吃到这豌豆馅儿，就算是奢侈品了。况且，皖北人的浪漫气息浓厚，把白砂糖和豌豆馅儿放在一起吃，还有甜美的寓意。

　　我遇见过一个诗人朋友，他这样解读豌豆：豌豆，"宛"若"豆"蔻，一个豆蔻的少女哪里晓得什么忧愁呢，一切都是自在的、悠闲的，是躲在福窝里的。面对这样的吃食，当然人人争先恐后，因此，豌豆馅儿很少有剩下来的。

北风紧，煨瓜笋

店　　名：亳城古道饭店
地　　址：亳州市谯城区三曹路133号(近光明路)
电　　话：0558-5166999/5598989
推荐指数：★★★★★

🔆 🌀 🚹 🚻 ⚕ 🅿

北风发威的时候，若能在屋里架上一只三脚炉，炉上有砂锅，锅里噗噗炖着回锅肉，再放上大把洗净了的南瓜笋，一会儿工夫，屋内的世界就变了样。喷香的南瓜笋，和回锅肉在一起煨煮，笋浸入了油香，肉融入了鲜味儿，是何等美妙的一种搭配，吃得我咝咝溜溜地吹着热气，一股暖融融的香从舌尖飘溢全身，让在冬日里蜷缩了太久的身体有了血脉偾张的感觉。

南瓜笋是吃食界的梅花，专在冬天的锅底里开放。

夏天里，南瓜尚未大面积丰收，摘未长老的南瓜下来，切成片儿，拌上土灶里的草木灰来晒，水分榨干，南瓜片蜷缩在一起的时候，南瓜笋就做成了。由于它吃起来有竹笋的味道，所以，人们又亲切地唤它"南瓜笋"。晾晒南瓜笋也就是一两个星期的事情，但是，晒干的南瓜笋不能立即吃，要放到冬天，不然，夏天或秋天是吃不出味道来的。

奶奶说："南瓜笋就是专门为过冬准备的吃食。"在皖北地区生活的人，最懂得口粮的珍贵。尤其是老辈人，他们有过守着土地却忍挨饥荒的体会，所以，老辈人特有危机感，在夏天的时候就要给冬天准备些干货，南瓜笋就是。另外，还有一个说法，南瓜笋浸泡后，多呈小小的披肩状，人们把它当作食品世界里的披肩，吃上几片在肚里，再凛冽的寒风也吹不垮身体了，南瓜笋抵御了寒风啊！这种说法真是暖心，让人瞬间觉得南瓜笋是这么知热知冷，这么体贴人心。

南瓜笋也可以称为一道养生菜，因此在以养生菜为招牌的亳城古道饭店里，自然是少不了这道南瓜笋的。点上一份南瓜笋，香糯中带些绵软，再配上一碗米饭，非常美味。

新鲜南瓜

排山倒海盘龙鳝

店　　名：红旗大酒店
地　　址：亳州市谯城区沙土镇
电　　话：0558-5061988
推荐指数：★★★★★

五月里的一个周末，驱车 30 千米，跟随一帮"吃货"去沙土镇享受饕餮大餐。也许你要问，一个乡镇上有什么好吃的，偏偏被你说着了，酒香不怕巷子深，美味多在民间，沙土镇最出名的不是别的，正是盘龙鳝。据朋友说，只要到红旗大酒店来的客人，必点这道美食。

一盘盘龙鳝端上来，味道极香，口感极麻，一条条撕下来，肉质鲜美，如排山倒海一般的味道让你的味蕾如蒸桑拿，欲罢不能。据说，最有"肚量"的饕餮者能吃七八条。

吃盘龙鳝，一定要胆大。鳝鱼多少和蛇有些相似，盘龙鳝多是整条地放在盘子里，横七竖八，看起来像是鳝阵，我有一位同行的"吃货"，在吃完数条盘龙鳝之后，有一个形象的说法，开始先拿起盘龙鳝，战战兢兢，吃一口，口水汪洋恣肆，一整条吃下来，仿佛被如此猛烈的味道打了一顿乱棍，有一种说不出的畅快感。

鳝鱼是补血益气的上品美味，可以清热解毒，还可除腹中寒气和胀气；鳝血还有止血的功效，也可以消滞，对消化不良有疗效。吃鳝鱼多在夏季，十一二月鳝鱼就钻到河底的淤泥里，春天的鳝鱼尚在洞中，直至初夏才蠢蠢欲动，伸展腿脚。这时候，草木生发，鳝鱼鲜美，味甘，肉肥，是极致的美味。

盘龙鳝

　　在百草丰茂的季节，从微暖的河水里捞出来数十条鳝鱼来，在水里泡几个小时，除去淤泥等污秽，再把鳝鱼捞出来，浸润在酒水里，酒要高度，最好是二锅头，一能除腥味，二能消菌杀毒。半个小时后，把鳝鱼再次捞出来，清洗一遍，拌上作料，整条地送进滚油里，稍事烹炸，立刻拿出来，置于孔小的漏勺上，再在炸了一遍的鳝鱼上撒上一些诸如花椒、辛夷花、草果、孜然之类的香料，用滚油冲涮三遍，盘龙鳝基本上就做好了。

　　有人说，环境成就人，其实，生长环境也成就了鳝鱼。最好的鳝鱼多饲养在池塘和稻田里，这样养成的鳝鱼，腥气小，草香味重，肉质细腻，吃起来也与野生的鳝大为不同。那么，吃鳝鱼在它的哪个生长阶段最好呢？当然是幼年时，一是因为它好入味，腥味小；二是因为鳝鱼成年以后再吃，恐怕对人的健康不利，过大的成年鳝鱼或携带毒素，吃了伤身。

　　食鳝者多是很会吃的"吃货"，初夏一条鳝鱼，疟疾与你说再见，长留美味在舌尖……

鳝鱼

麦冬清汤火锅和
麦冬粥

店　　名：皇城霸火锅
地　　址：亳州市谯城区魏武大道
电　　话：0558–5110662
推荐指数：★★★★★

父亲陪一席人去钓鱼台古迹的白果树下散步，发现一丛近乎麦子，又像是韭菜的植物，比麦子的叶子更纤细，比韭菜又少了些水润，别人不知道是何物，做中医的父亲淡然一笑说："麦冬。"

父亲把白果树下的麦冬移栽在家里，深秋，有客人至，望见院子里一丛绿油油的植物，惊呼"你家韭菜长得真旺，这个季节还青翠着"，父亲再次解释说，是"麦冬"。一丛丛麦冬，给了父亲不少自豪感。

麦冬，单从字面意思上看是"能够过冬的很像麦子的植物"。麦冬很像是植物中的文人，疏疏朗朗，比兰花小一号，很儒雅，难怪它还有个很好听的名字叫"书带草"。

在故乡的餐桌上，麦冬真是无处不在。前不久，一帮人去皇城霸火锅吃饭，菜单上，赫然写着"麦冬清汤火锅"，我想都没想，就点了这个，脑海里想起做医生的父亲念叨麦冬的千般好，想起故乡人对麦冬赞誉的万般妙，再想起父亲在院子里移栽的麦冬，想起密密麻麻的药橱上星星点点的中药材名字，突然发觉，在中草药的天空里，麦冬是父亲最爱的也是最亮的一颗星。

麦冬清汤火锅的口味恰如麦冬一样，清淡却并不乏味。清香却并不让人生腻。当其他食材放进麦冬清汤火锅里，无论是肉类还是肠肚等荤腥东西，都会在麦冬的影响下变得口感清爽起来。

天气入冬，风口里像噙着一枚枚绣花针。这时候，偏又空气干燥。每到这个季节，故乡人都喜欢到药材市场买回来一些麦冬，再去菜市场买一些红枣、冰糖，回到家里来煮粥。麦冬粥是个好东西，吃起来能润肺生津，还有助于美容养颜。在故乡，有女孩子厌食，母亲多会煮麦冬粥给她们吃，若女孩子不吃，母亲多会列举远近十里最邋遢

麦冬

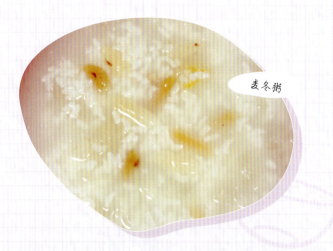

麦冬粥

的女人告诫孩子，看，若是不吃麦冬粥，以后就要变成她那副样子。女孩子听了，哗啦哗啦，三口两口就把一碗粥给吃完了。

我曾去过长春路附近的一家店，名叫大众粥店，虽是小店，但是生意很好，找了个空位坐下来点了一碗麦冬粥。粥还没有煮好，香味就飘满屋子了，麦冬的药香、红枣的甘甜、冰糖的滑润，直逼你的鼻孔，瞬间打开了你的味蕾，挡都挡不住。印象中，母亲煮麦冬粥时，多喜欢加一些小米进去，母亲说，小米与麦冬结合，最易催发出粥内的维生素，这是养颜的王道。

麦冬的吃法何止这一种，泡茶也是不错的选择。祖母在世的时候，爱抽烟，做中医的父亲劝不了她，就泡麦冬菊花茶给她喝。喝过以后，祖母喜欢把泡茶后的麦冬吃掉。父亲说，麦冬可以滋补肺脏的津液，特别能抗秋冬之燥，还能治咳嗽，消解人心头的抑郁和烦躁。常吃麦冬的祖母后来感悟到，喝了麦冬茶之后，自己的火气消了，心情也开朗了不少，举步出门，众人皆说她笑呵呵的，脸上也有了红光。

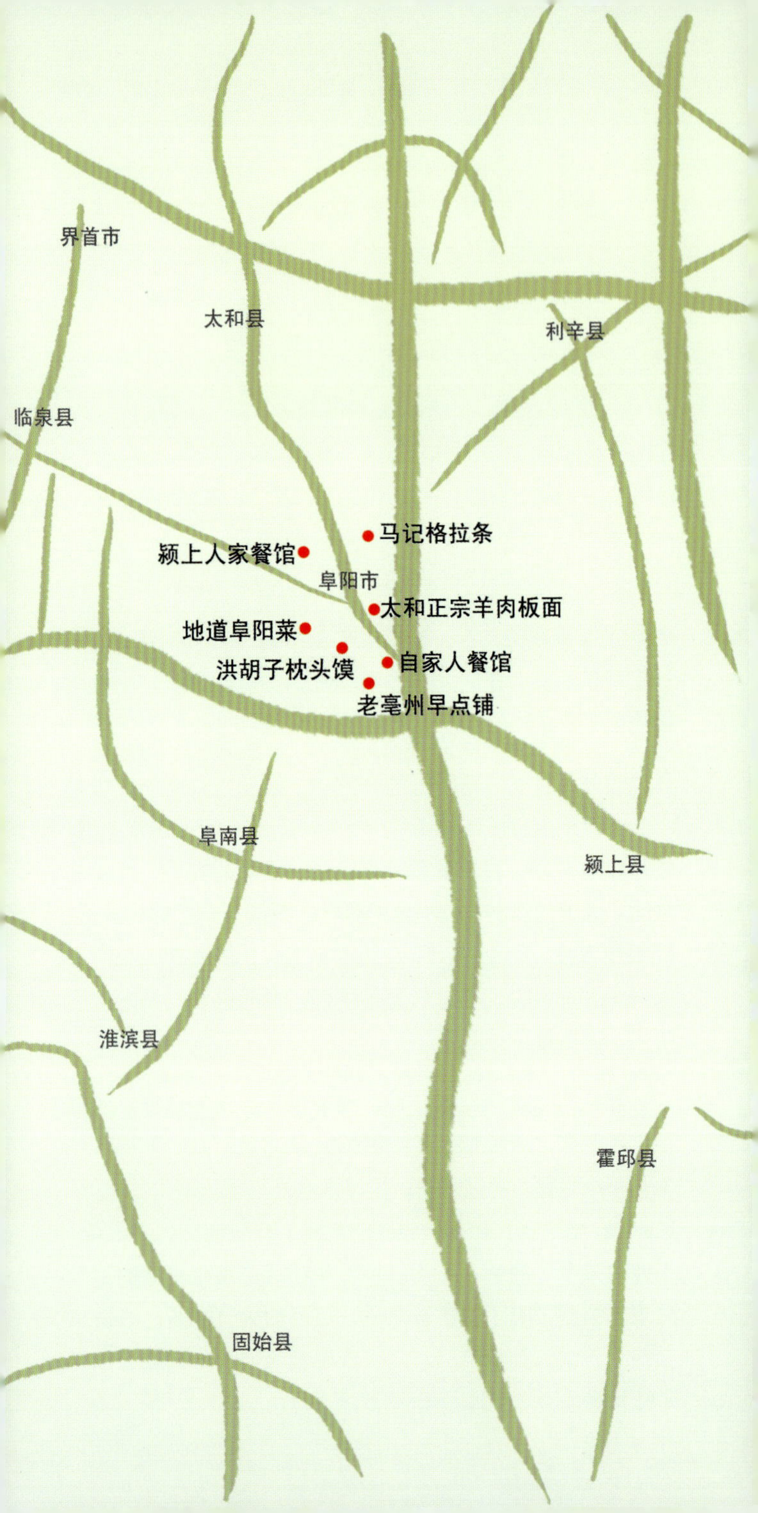

界首市

太和县

利辛县

临泉县

马记格拉条

颍上人家餐馆

阜阳市

太和正宗羊肉板面

地道阜阳菜

洪胡子枕头馍

自家人餐馆

老亳州早点铺

阜南县

颍上县

淮滨县

霍邱县

固始县

Part 3
阜阳小城的阳光美食

颍州的水滋养了阜阳人文，皖北的黄土地培育了繁茂的时蔬，这一切，都被在这片土地上耕耘的劳动者记录、整理、创造着，并以皖北人独特的形式发扬光大。

面中硬汉
阜阳格拉条

店　　名：马记格拉条
地　　址：阜阳市颍泉区北京路加油站西侧
电　　话：18055860410
推荐指数：★★★★★

去阜阳，在火车站附近的一条小街里，遇见了诸多小店，门脸不大，里面看起来环境也不甚清爽，但我还是走进了一家叫作马记格拉条的店，坐了下来。店面招牌上的一种美食吸引了我，没错，它就是格拉条。

格拉条的名字早就如雷贯耳，早些年，许多人买东西喜欢到阜阳去，除了买回来一些入时的东西之外，都会在言谈之间炫耀：我吃了阜阳的格拉条。

格拉条到底是什么？长什么样子？这次我终于有机会到阜阳了，一定要点一份。

时间尚早，格拉条还没有做出来，我特意看了餐馆老板如何和面。他赤着膊，不停地揉着手里的一团面，面的香被这个中年汉子的力道催发出来，是种生猛的香。面和好，格拉条放在机器里被挤压出来，直接落入沸腾的水锅里煮。然后用大筷子捞出来，放在冷水里，十几秒钟后，再捞出来，用辣椒油、麻汁酱、香菜、荆芥、豆芽来调拌，那味道飘过来，真叫一个爽劲！

拌好料汁儿的格拉条味道十足，蒜泥很多，辣椒够味，格拉条筋道，混合在一起，味道妙不可言。这一天，恰是个初春日，乍暖还寒，我吃得满头大汗，抹一下嘴角，唇齿之间尚有格拉条的余味。吃完后走出餐馆，我擦去额头的汗，心中不由暗叹阜阳格拉条，不愧为面中硬汉。

我喜欢去小餐馆吃饭，因为那里有特色。我认为，一个地方的风物、美味，都藏在小街巷的小店里，那里咕嘟咕嘟煮着的一锅海带千张、卤鸡蛋、小酥肉，让每一个从此经过的路人闻香下马，踱步进店，点上一碗格拉条，两份小菜，喝点小酒，听听当地人谈天说地，市声喧嚣，你是安逸的，也是静谧的，你是异乡人，也是此地风物的搜集者。

阜阳格拉条

小茴香煎鱼

店　　名：自家人餐馆
地　　址：阜阳市颍州区沙河路街边店
推荐指数：★ ★ ★ ★ ★

小茴香既是名贵的中药草，也可以入菜，能避腥膻之气，吃起来味道鲜美无比。在阜阳，人们多喜用小茴香来煎鱼，味道之鲜，无可比拟。

在农历四五月份，取小茴香的嫩叶下来，切成碎末，将鱼切成鱼片，把小茴香的碎末与鸡蛋、盐巴、五香粉等在一起调匀，拌在鱼块上，上锅煎炸。两分钟后，小茴香的鲜香就被油脂逼了出来，裹挟着面香和鱼鲜，让人垂涎。

在皖北，小茴香煎鱼是一种地道的农家菜。许多农家乐餐馆都有这道菜，也是被誉为土得掉渣的皖北菜代表作。不过很多餐馆都融入自己的技术和创新，让小茴香煎鱼的口感发生了变化，倒是位于沙河路的那家名叫自家人的餐馆，做出来的小茴香煎鱼吃起来依然是一如既往的味道：香脆，鲜美。

小茴香煎鱼

新鲜小茴香

　　鱼块外面裹挟的面被煎得金黄，像是一块块小盾牌，小茴香的青绿点点可见，好似盾牌上的图腾。餐桌上也是一场拉锯战，比的是谁更能撩人胃口，谁更受大家欢迎。而小茴香煎鱼，无疑是最早打响的战役，最早赢得先机的良品菜肴。

　　在皖北，几乎每一位祖母或外婆都会做小茴香煎鱼。以至多年以后，同学聚会，谈起儿时记忆最深刻的一道美味时，大家会不约而同地说出小茴香煎鱼。鱼代表了肉中的鲜，小茴香领衔了植物的鲜，鲜味加倍，怎能不让饕客们陶醉？

　　小茴香，这三个字承载了太多！小，是小时候的光阴；茴，是回味、回忆；香，寓意美好难忘的味道，也谐音"乡"。是呀，也许每一个身在他乡的皖北人，想起故乡时也会想起儿时的美味，想起让人无法停下筷子的小茴香。

汤也可以当主食

店　　名：自家人餐馆
地　　址：阜阳市颍州区沙河路街边店
推荐指数：★★★★★

在自家人餐馆，除了小茴香煎鱼，汤也是一大特色，这里有各种各样的汤，母鸡汤、牛肉汤、鸡蛋汤等。

南方人喝汤，要么是餐前的开胃汤，给肚子打底，要么是餐后汤，用来滋润助消化。而皖北人喝汤，尤其是在小吃店，都是把汤当主食来吃的。

说起皖北的汤，不得不提一个人。元末，皖北，一个凤阳男人又饥又寒，奄奄一息之际，被一位乡间婆婆用一碗菠菜豆腐汤救活，醒来后，男人问婆婆，"刚才喂我吃的是什么，怎么这般美味？"老婆婆说，"珍珠翡翠白玉汤。"男人大喜，信誓旦旦一定要重重报答这位婆婆。这个皖北男人就是后来的明朝开国皇帝朱元璋。

新鲜美味的
老母鸡汤

也许是因为机缘，也许是因为生活习惯，皖北人就此形成了一个习惯，那就是把汤当成主食。

近来，在皖北街头，新兴了一种小吃，叫"淮南老母鸡汤"，看名字，即让人大囧，感觉整个淮南都泡在汤汤水水里了。卖老母鸡汤的店主在店门前支起一口大锅，锅里，鸡汤滚沸，锅上，横着一根木板，木板上，躺卧着几只已然煮得焦黄的鸡，样子十分诱人，用来招徕顾客。老母鸡汤是上好的滋补食品，吃老母鸡汤，再佐以皖北特有的葱油饼，满口的葱香加鸡汤香，很"得味"。

亳州西关的羊肉汤自不必说，有羊肉在里面，加之粉丝与白菜，美味实惠，即便不配任何面食来吃，也能吃饱。严寒的冬日，在亳州街头，踱步进入一家羊肉汤馆，叫上一碗，让羊肉的暖、汤的润，丝丝缕缕犒劳自己的身体。忙活了三季，到了冬天，人也该歇歇了。

曹雪芹说，女人是水做的，男人是泥做的。不管是水还是泥，终归都离不开水。水之于吃食，汤即是最好的体现。皖北，大平原一望无垠，气候相对干燥一些，完全不像皖南的小桥流水那样滋润，于是，一碗碗汤，就成了滋润皖北人脾胃的主宰。

难怪有学者说，一碗汤，知皖北。

鲜美的羊肉汤

太和板面，
酣畅的皖北味道

店　　名：太和正宗羊肉板面
地　　址：阜阳市颍泉区人民中路新世纪美食街 A9 号
电　　话：0558–2176318
推荐指数：★★★★★

吃皖北羊肉板面，太和是最好的选择。那里有太和的风物、太和的面、太和的水、太和的柴火、太和的空气，最能让你吃到太和羊肉板面的"原乡味"。不过现在太和人把餐馆开到了阜阳，因此在市里也能吃到正宗的太和羊肉板面了。

在阜阳市里，有很多家太和板面餐馆，味道最好的要数颍泉区的太和正宗羊肉板面，只要去过的人，都夸他家的红油辣椒香，板面筋道，羊肉纯正，因此有许多回头客。

虽然太和在阜阳，但太和板面却有亳州的味道。为什么呢？原来太和人做羊肉板面的作料均出自药都亳州，包括草果、八角、辛夷花、辣椒之类，全部在这里采购。

舒国治先生在《台北小吃札记》里这样说："一个城市之

吃趣好否，端看其面摊多少可定。"阜阳的面摊很多，砂锅杂面条、拉面、烩面等，但最好吃、最够味的还是羊肉板面。阜阳的回民多，能够吃到最正宗的草羊，草羊膻味小，味鲜非常适宜做食材。

有人说，吃面，汤汁最重要；也有人说，面最重要。但是，羊肉板面不仅面好吃，而且做汤（浇头）非常讲究。

皖北是中国粮仓，羊肉板面的小麦粉来自淮河流域的小麦精粉，这种小麦粉不仅筋道，而且极易洗出面筋来，所以，羊肉板面的面非常耐揿，吃起来口感特别好。羊肉板面的汤，来自上等名贵中药材草果、辛夷花等，还有胡椒、八角、辣椒，取精羊肉，放在一起熬制，最后，药香和肉香混在一起，制成油汪汪的浇头。面入沸水，七八分熟的时候，下入小青菜，稍等即可出锅，然后，淋上浇头，美味的羊肉板面就做好了。

吃羊肉板面，多在小店，尽管店面环境不怎么好，总给人油乎乎的气息，但生活嘛，要的就是这种烟火气息，这才是生活的味道、人生的味道。

太和板面

可食可卧枕头馍

店　　名：洪胡子枕头馍
地　　址：阜阳市颍州区颍州中路 408 号
电　　话：0558-2582581　15255889572
推荐指数：★★★★★

枕头和馍，是八竿子打不着的事物，但到了阜阳，两者就甜蜜地结合在了一起。

沿淮一线，多种植小麦，作为面粉的母体，小麦是皖北平原的一景，春来万顷葱绿，夏到麦浪金黄。可以说，小麦的整个生长周期，都是风景。带着光环走完一生的小麦，以满腔的洁白走向千家万户，到了阜阳，聪明的阜阳人就在面粉中赋予了地域特色，用米酒发酵，和面、盘面，把当地人豪放刚强的力量，都浓缩到面粉中，这才有了阜阳的标志性美食——枕头馍。

枕头馍的由来，源于一个传说。话说南宋时期，著名抗金将领刘锜在阜阳抗击金兀术的军队，当时，正值夏季，为了给将士们准备好充足的口粮，刘锜就让厨子想方设法做出一种易于储藏的食品，厨子经过深思熟虑，结合阜阳的地域优势，做出了 33 厘米左右的卷子馍，每个重达两公斤左右。

松软的枕头馍

小孩抱起来
都显得吃力

因为和面的多为男子，力道被浓缩其中，所以吃起来特别筋道，又因水分较少，所以易于储藏。当士兵们征战累了，躺下来睡觉的时候，还可以把枕头馍当成枕头用，再食用的时候，只需要揭掉外面一层皮即可，两不耽误，一举多得。

我在合肥上学时，曾在姚公庙的集镇上像发现新大陆一样看到了一家枕头馍店，那几年，我常常光顾这家店，以填补我对米饭的苍白感。那时候，我不光自己吃，还推荐给室友，去食堂里打回来雪菜肉丝，无须打米饭，佐以阜阳枕头馍，吃出了别样的滋味。这家店的枕头馍其馍焦金黄，厚约 1.5 厘米，香酥爽口；馍瓣洁白，层层相包，湿润柔筋，干而不燥，耐嚼而又松软；存数日之久，不霉不硬。

参加工作以后我回到亳州，因为工作原因，常去阜阳出差，每次到那里我都要去居住地附近的洪胡子枕头馍店带两个枕头馍回来，一个够自己家吃两三天，另一个送邻居。这家店的枕头馍和我在合肥上学时吃到的味道不相上下，都非常好吃。我一直觉得，人吃面食，胃口上有一种踏实感，灵魂深处也有一种安妥感。

皖北大地上，几乎没有山峦，连块石头也很难找到，阜阳枕头馍，应该算是横亘在皖北人餐桌上的石头了，其质弥坚，像极了皖北人坚强的性格。

名气不小的洪胡子枕头馍店

奶汁肥王鱼

店　　名：地道阜阳菜
地　　址：阜阳市颍州区中南大道
推荐指数：★★★★★

我去阜阳的时候，文友在一家以地道阜阳菜为名并著称的餐馆招待我，其中一道菜名曰："奶汁肥王鱼。"

老实说，单听这个名字，并不让人喜欢，奶味十足，让人联想到一个光靠脸蛋吃软饭的小白脸。可是，鱼上来后，扑面而来的鱼香却让我忍不住拿起筷子。这道奶汁肥王鱼，汤汁浓郁，像是放了牛奶，实则是老汤熬制，不添加任何添加剂；鱼肉肥嫩细腻，几乎感觉不到鱼肉的纹理；味道清鲜十足，我以前从没有吃到过如此美味的鱼。

如若细细论起来，这道菜，还与淮南王刘安有着千丝万缕的联系。

肥王鱼其实不叫这个名字，原本叫"回黄鱼"，又名回王鱼，后来，因为刘安喜欢吃这道菜，改名为"淮王鱼"，无奈的是，这个区域的人发音时"h""f"不分，叫着叫

奶汁肥王鱼

着，就成了肥王鱼。肥王鱼产自淮河，以凤台峡山口至黑龙潭所产最为出名，味道也最好吃。

奶汁肥王鱼，为何有奶汁二字？乳白色的汤汁又来自哪里？其实这些疑问，对于一个经常烹饪的吃货，都不是问题。

还是让我们一步步做一道奶汁肥王鱼来解答吧。做肥王鱼，需要肥王鱼、猪瘦肉、大葱白段、姜片、香菜和各种调味品，当然最重要的是要有鸡清汤和熟猪油（这个是标配，餐馆里的大师傅告诉我的）。

食材备齐之后，就要给鱼去腮，然后洗净，在鱼身上片出来柳叶刀花，再把猪肉切成条。然后，烧锅烹油，下热鸡汤，汤沸后，下鱼、肉，顺带将葱姜一并放上，直到炖至汤色发白，放入白胡椒，就可以出锅了。鱼上来后，先别忙着吃鱼，舀一勺汤来尝，汤汁浓郁，夹一筷子鱼来吃，细腻爽滑，真应了肥王鱼"鲜、嫩、滑、爽"的特点，实乃滋补之佳品。

　　汤汁呈现乳白色，其实是源于这些食材中的蛋白质，汤汁泛白，形若奶汁，故名"奶汁肥王鱼"。吃过这道菜，我发觉望"名"生义何其荒唐，奶汁肥王鱼如此美味，我差点因为名字而错过它。足见无论是对于一道菜，还是一个人，你都不能轻率地凭第一印象就否定它（他），否则，你将悔之莫及。

香菜让这道菜的颜色更漂亮

在锅中炖煮的肥王鱼

太和贡椿，
千年宫廷美味

店　　名：颍上人家餐馆
地　　址：阜阳市颍州区人民西路
推荐指数：★★★★★

在阜阳市人民西路的颍上人家餐馆里，每到春季，都有一道千年宫廷美味：太和贡椿。这是深受当地人喜爱的一道菜品。

太和贡椿，一个听起来就喷香的名字，读起来让人口舌垂涎。既然是贡春，顾名思义，也就是古代皇帝才能吃得上的美味。早在唐朝时，每逢谷雨前后，就有快马从太和出发，马不停蹄地送往长安。这不得不让人想起那个因"一骑红尘"而笑的妃子，只不过这一次不是荔枝，而是香椿。太和贡椿是乾隆皇帝最爱的吃食，每到春天，香椿发了芽，乾隆皇帝的御膳里就少不了这道菜了。应该说，康乾盛世，太和县的香椿也是做了不少贡献的，乾隆皇帝日日神清气爽，全因食了太和的香椿芽。

现在吃太和贡椿并不是一件难事。每逢谷雨前，只要到太和县的乡村去，就能采摘到新鲜的香椿芽。采摘回来，可以与嫩豆腐一起凉拌，一团雪白，上面是红彤彤的香椿苗，淋上麻油、米醋，吃起来，爽口香甜，有一种别样的香，这香味，只属于香椿。

此外，香椿苗与鸡蛋一起炒，味道也特别好。先把香椿苗切成细碎的一段段，再准备五六只鸡蛋，打散后，与香椿苗和在一起，烧热炒锅，倒入麻油，油热后，把香椿鸡蛋倒入锅中，翻炒几下，就可以出盘了。香椿加热后变绿，配上黄灿灿的鸡蛋，相得益彰，可眼、可鼻、可口。

我很喜欢"太和"这个地名。透着吉祥、安稳与喜气。而地名的吉祥，成了人心里的隐喻。在这片土地上，勤劳的人们，一代又一代地耕耘着，把最朴实、最善良、最勤奋的品质，都化作汗水，浇得香椿枝头春意闹，然后，一只纤纤玉手，把香椿采下来，从太和出发，运往四面八方。

香椿炒鸡蛋

红得发紫的香椿芽

桂花香里寻皮丝

品　　名：寻皮丝
地　　址：阜阳市颍泉区周棚办事处附近
推荐指数：★★★★★

中秋将至，皖北大地上桂花盛开，这时候，我就格外想念阜阳的皮丝了。那样小小的一叠，晶莹剔透，不是茹毛饮血，而是十分文雅的吃食。

皮丝，即新鲜的猪皮加工而成的一种美食，薄如蝉翼，金黄透亮，食之滑而不腻，味美绝伦。在清代，还被当作贡品，列为宫廷御膳佳肴，可谓出身高贵，不是一般百姓家所能享用的吃食。不过那时候远不比现在，老百姓吃一顿肉都难，哪里还有心思想方设法把一张猪皮鼓捣出这么多花样？

我在阜阳市颍泉区周棚办事处一带的街边小摊见过皮丝的制作过程，洁净新鲜的猪肉皮，经过浸泡、去脂、片皮、切丝、晾晒等流程制成以后，就成了一片片焦干的猪皮丝了。吃之前，需要用开水泡一下，可以凉拌，做出来

桂花皮丝

像亳州的牛筋面一样筋道，吃起来，还有一些脆爽；也可以与土鸡在一起做成鸡汤皮丝，在味道的厚度上又丰满了许多。

最经典的一种吃法是用开水将皮丝浸泡后，在盆里放着。这时候，要做的是取七八只鸡蛋打碎，把蛋清与蛋黄分离，单单留取鸡蛋黄，搅拌在皮丝的外面，这时，以菜籽油热锅，放入葱姜等作料，把拌好的皮丝放进去爆炒，不多时，即可出锅，这样做出来的皮丝，金黄澄亮，好似这个季节应景的桂花，故名"桂花皮丝"。这道菜，完全是一道功夫菜，非一般厨子可为，要百分百的细心，否则，蛋黄与蛋清不易剥离，皮丝炒出来容易煳掉，因此，凡是开餐馆卖皮丝的，赚的也全是一份辛苦钱。

皮丝来源于猪皮，当然对皮肤的改善有好处，是美容养颜的佳品，以形补形，是中国人向来倡导的一种美食进补方法。如今，在阜阳的大街小巷，皮丝的做法林林总总，食客们也络绎不绝。在阜阳街头的树荫下，叫一份皮丝，看大厨在灶间里扒烧拌炒，扬头去看，一树桂花开得正汪洋恣肆，在桂花树下吃皮丝，皮丝里也俨然有了桂花的味道。

晾晒猪皮

在烫面角里过舒坦的早晨

店　　名：老亳州早点铺
地　　址：阜阳市颍泉区阜阳二中附近
推荐指数：★ ★ ★ ★ ★

烫面角是皖北地区特有的吃食。之所以取这个名字，原因很简单，因为是用热水和的面，这样的面皮很有韧度。至于馅儿，分肉素两种。肉可以是猪肉，也可以是羊肉，素的多以粉丝、炒豆腐干为主。

在皖北的早晨，不吃一笼烫面角，就等于是不接地气。

皖北地区，尤其是在亳州，早起的人们，多是做药材生意的，吃起饭来也风风火火，烫面角无疑是最佳吃食，端上来即食。一口一个，很壮嘴，面里裹着肉与粉丝的香，再佐以些许萝卜丝小咸菜，很开胃，一笼烫面角，瞬息可就。吃烫面角配什么一起吃可是有讲究的。一般情况下，素烫面角多配以胡辣汤，用胡椒粉、豆腐皮、海带丝、花生熬煮而成，浓稠的一碗，可补素食的味道缺憾；肉烫面角多配以马糊，用豆面淀粉等熬煮而成，上面撒上些许大头菜丁和咸豆子，可解肉食之腻。

在阜阳有一家老亳州早点铺，就以售卖烫面角为生，他家的烫面角也是我吃过味道最好的。而烫面角的外形酷似北方的蒸饺子，不过吃起来口感比北方蒸饺子更加香浓，这可能是因为用热水烫面的缘故。

寒来暑往，作为早点，烫面角都是主角，一直都没有"过气"的意思。那是因为味道是烫面角的府邸。它的厚度、气息，在唇齿之间散发的感觉，让你一经食过，久久难忘。

"过早"是武汉人吃早饭的称呼，今天我把这个概念偷换到皖北来，目的是配合烫面角的美味，本意是，在皖北，你不吃烫面角，哪里能让这个早晨过得舒坦呀？

弯弯的烫面角

糊涂面里的中国哲学

店　　名：老亳州早点铺
地　　址：阜阳市颍泉区阜阳二中附近
推荐指数：★★★★★

在老亳州早点铺，不但能够吃到烫面角，还能吃到糊涂面。

秋风萧瑟时，人心寂寥。前几日，遇朋友张罗饭局，上最后一道主食时，端上来了一碗热气腾腾的糊涂面，吃起来口感丰富醇厚，玉米香、甘薯香、杂面香，各种香气混在一起，却又各有特色，那叫一个通透。

糊涂面是一道农家饭，发明它的人是中国最朴实的农民。他们勤劳，也智慧，每到青黄不接的年月，没什么好吃的，在一个漫长的午间，索性就找来玉米糁、甘薯条，先放在锅里一通乱炖。炖的时候，用瓢从面缸里舀出来些许小麦面、些许豆杂面，放在一起，小擀面杖一挥，倒腾两三下，一张面皮就擀成了，面皮裹在擀面杖上，用菜刀一刀下去分成两半，再根据自己的爱好，切成宽窄不等的

糊涂面

面条。这时候，锅里的玉米糁和甘薯条已经噗噗地冒着香气，也已七成熟。放面入锅，再放一些干菜叶进去，煮一小会儿，汤不多时，用饭勺搅几下，一锅糊涂面就做好了。为了让糊涂面的香发挥到极致，还可以点几滴麻油，整个屋子都飘满了"丰收"的气息。

糊涂面是最早的"一锅炖"。玉米糁、甘薯条、干菜叶、杂面，单单是拆开这些食材来看，哪一个都不会太出色，单吃其中一种，势必味同嚼蜡。然而，把它们组合起来，成为一个食材的"集团军"，味道就大不同了，这是美食的抱团哲学，分崩离析，势必寡淡，成为组合拳，定能提振你疲软的味蕾。

郑板桥说："难得糊涂。"此时的糊涂，哪里是头脑发昏，而是低调、隐忍、踏实，像极了大平原上低沉着的谷穗。美食的主体看似是食材，其实是人。没有烹调食物的人，食材定将寥落一生。说白了，还是人赋予了食材灵气，进而，食材才给了人以底气。所以，食物的哲学，有时候也是人生的哲学。

大关餐馆 ●

桐城市

岳西县

● 明堂山茶叶专业合作社

怀宁县

爽再来美食广场
枞阳县 ●

● 古月酒楼

潜山县

宜秀区

安庆市

● 江毛水饺店

惠园酒店 ●

望江县

彭泽县

Part 4

安庆人的江边滋味

　　迎江寺的钟声响了又响，这座古寺俯瞰下的安庆，祥和安宁，处处飘散着鸡汤炒米和江毛水饺的香。这里同时也是徽菜的肇始地之一，美味的沿江菜，在这里香飘全国。

听一曲黄梅，来一碗鸡汤炒米

店　　　名：惠园酒店
地　　　址：安庆市迎江区菱湖南路 126 号
电　　　话：0556-5501227/5501578
推荐指数：★ ★ ★ ★ ★

去安庆，吃一份鸡汤炒米，那可不是一件容易的事情。热闹非凡的北正街上，各色小吃林林总总，早就耳闻这里是安庆小吃的集聚地，又听说安庆小吃当属鸡汤炒米最有特色，当然要来一份。

我选择了一家名叫惠园酒店的店，点了一份鸡汤炒米。这是一家老店，鸡汤炒米做得驾轻就熟，鸡汤分外香浓，而炒米又非常可口。

炒好的米

鸡汤炒米中的米是糯米，产自安庆，用冷水浸泡了一段时间后捞出来，沥干水分，下锅炒米。炒米非常讲究火候，火太小则米芯硬，导致嚼不动；火太大，米就炒煳了，这时你一定会问："那还有什么吃头？"其时炒米的工具十分讲究，找一根竹子，截掉带竹节的一段，用刀刻开至细面条状，竹节处保留，这样就做成了一只竹扫帚，这种竹扫帚可不是用来扫地的，而是用来炒米。炒的时候也不能干炒，否则，米易粘锅，要在竹扫帚上淋上香油，这样炒既不粘连，还能充分催发出糯米的香味。

泡炒米用的鸡汤也很考究，一定要用农家散养的土鸡。土鸡要养两年以上的，一公斤左右刚好，肉质瓷实，生长周期长，煮出来的鸡汤香浓，油脂丰富，水在下，油浮于上，水油两重天，最宜用来泡炒米。老板娘说："一份鸡汤炒米是否美味，全看鸡汤的功劳。"

吃鸡汤炒米，用白瓷的小勺子在黄澄澄的炒米和清澈带香的鸡汤里舀上一勺，米浮于上，在汤的怀抱里，似一对恋人，吃完了这碗鸡汤炒米，再泡上一杯安庆当地茶——岳西翠兰，茶足饭饱，就要去黄梅戏馆听曲儿去了。

对于很多安庆人来说，炒米就是故乡的美食名片，许多旅居在外的安庆人，把所有的乡愁都凝结在了一碗鸡汤炒米里，所以，每每再回安庆，一定要带上些炒米回去，怀乡时，就泡一碗炒米，以消解辗转反侧的乡情。

香气浓郁的鸡汤

腊肉，岁月里的风烟之气

店　　名：古月酒楼
地　　址：安庆市潜山县姚冲路建材大市场斜对面（近潜阳国
　　　　　际饭店、姚冲建材大市场）
电　　话：0556-8822339
推荐指数：★★★★★

在古月酒楼里，可以吃到用腊肉做的各种美食。它的味道总是让人停不下箸。

提起腊肉，很多人都认为它就是腊月里开始做的肉食。其实不然，腊肉，其实名为腊（xī）肉，这个字的繁体字与腊肉的"腊"字是一个字，所以，才有了人们对腊肉望文生义的误读。

在安庆，一进冬月，村子里就有一股忙碌的气息，有的养殖户会宰一头猪，然后分成小块卖给众邻，这些买回来的肉留一部分招待客人，剩余部分（要求有肥有瘦），就用盐巴腌制一两天，然后用绳子系好，挂在外面晾晒。经过三九寒冬，冰天雪地，就把肉里的水分给蒸发掉了，腊肉就这样做好了。

腊肉

　　由于盐充分进入肉里，所以这样制出来的腊肉易于保存，吃上半年是不成问题的。然而，旧时的农村大都不富裕，做好的腊肉在腊月里还舍不得吃，要留到第二年开春以后一个特殊的日子再吃，那就是"二月二"。

　　古人云："二月二，龙抬头。"在我们这些乡间少年的心里，不自觉就把这句顺口溜说成了"二月二，吃腊肉"。在安庆，腊肉的做法只有一种，那就是切成薄薄的小片，然后用鸡蛋和面成糊状，面糊调制好以后，把一片片腊肉放在面盆里，裹上一层面糊，放在沸油里炸，这样吃起来，很能解馋，也很下饭。

　　当然也可以煎，这样做出来的腊肉多了一丝韧性，也不那么油腻了，通常女孩子偏爱此种吃法。若说再有其他吃法，我所见到的只有隔壁女主人的吃法，她是四川嫁过来的，喜欢把腊肉切成片，放在大米饭上蒸食。这样蒸出来的腊肉，沥去了油脂，肉色还显得明晃晃的，冒着油，沥去的油多半被米饭吸收，不油不腻。一问才知道，这是

她四川老家的吃食。后来，这种四川吃法很快在村子里流
行开来，再后来，我发现皖北许多地市也都这样吃。不可
否认，人员的流动，促进了吃食的融合和改进。但是，我
最怀念的还是那种油炸吃法，那种解馋的感觉最能勾起我
对那段艰辛岁月的回味。

炒腊肉

油炸腊肉

江毛水饺，
百年传奇一担挑

店　　名：江毛水饺店
地　　址：安庆市迎江区高井头建设路 97 号（近天后宫）
电　　话：0556-5542971
推荐指数：★ ★ ★ ★ ★

　　安庆，临近长江，航运发达，20 世纪初，各地美食在此汇聚，其中有许多美食因为外来菜品的冲击，各色文人的改造，最终都偏离了最初的味道。但有一样始终如一，历经百年依然如故，那就是江毛水饺。有这样一句话："到安庆不吃江毛水饺，返程后会悔恨烦恼。"

　　江毛水饺其实不是水饺，而是馄饨，只不过是安庆人这么叫习惯了，所以江毛水饺也就是"江毛馄饨"。江毛水饺与外地的馄饨不同，它"皮薄如纸，馅如珍珠"，此为形美；它"形如猫耳，肉嫩汤鲜"，此为味美。中国美食向来讲究色香味俱全，这一点，在江毛水饺身上得以全部体现。

　　我们来到一家招牌老店江毛水饺店，老板介绍说，江毛水饺所用猪肉必须是江北后山放养的黑毛猪后腿，这样的猪肉最为鲜美；而且猪腿肉里多网状花油，与瘦肉在一起剁馅儿，肥而不腻。加之馅料调味不咸不淡，吃起来清清爽爽，很是可口，因此招徕很多回头客。店里也有小笼包、元宵等特色小吃，但食客们依然最爱江毛水饺。

江毛水饺的创始人"江毛"，名为江庆福，是个很有传奇色彩的人，因他脖子上有一撮白毛而得名。20世纪，江庆福担着他的小挑子到安庆来，因为担心"大城市"里的人对吃食很挑剔，着实在馄饨馅儿上下了不少功夫，皮薄到可以照见人影，猪肉也是精挑细选，最终使"江毛水饺"成为街头巷尾热抢的一种美食。

我在安庆街头吃着江毛水饺的时候，依稀可以望见多年前的安庆街巷、码头、长江边，一个挑担子的精明男子，被压得颤颤巍巍地往安庆街区去。不多时，就看他笑着返回去了，一路上，唱着黄梅戏，他就是江庆福。江庆福的肩头卸下疲惫，小挑子上的炉火还冒着热气，他心里盘算着，再积攒一些资金，就可以在安庆租一家铺面了。

江毛水饺

大关水碗，浓稠的安庆气息

店　　名：大关餐馆
地　　址：安庆市桐城市大关镇大关街
电　　话：0556-6730111
推荐指数：★ ★ ★ ★ ☆

大关水碗，这四个字一叫出来，立马感觉自己就被浓浓的江湖气息给包围了。

　　清朝时期的大关古镇，发生过一件大事。当时乾隆皇帝南巡时走到这里恰好饿了，于是随行官员去村里搜寻吃食。官员进到一个老妇人家里，可以看出她家并不富裕，但非常热心，把家里所有的存粮拿出来加上水煮了一大锅，汤汤水水如大杂烩一般，虽然品相不甚美观，但乾隆皇帝饥肠辘辘，因此并不挑剔，他连汤带水吃了一大碗，觉得非常美味，于是龙颜大悦便问老妇人这菜叫什么名字。老妇人哪里有什么菜名，但又不敢不答，于是支支吾吾地回答说是"水碗"。于是乾隆皇帝赐名为"大关水碗"。后来大关水碗便风行天下。

　　当年，桐城派风靡天下；如今，大关水碗，味撼九州。

大关镇，三面环山，这片地方，古时候还叫"泉水铺"，这名字一听就是专门为大关水碗而生的，美味自然天赐天成。当地的居民也遵循天意，多少年来，大关古镇的人们婚丧嫁娶都离不开大关水碗的"掺和"。

我去桐城时，在大关镇的大关餐馆里吃过大关水碗，朴素的街道就如同一个大大的餐厅，刚一涉足这方土地，就被香味包围。当年老妪献给天子的吃食何其单一，如今，它已经发展成为各色菜肴了，足以攻克你的味蕾城池。譬如，禽畜类有鸡、鹅、鸭，还有牛、羊等；土产类有莲子、山芋淀粉、芝麻、糯米等；蔬菜类有金针菜、黄花菜、野山笋等；水产类有黄鳝、泥鳅、甲鱼、虾等；另有山珍、豆类，只要是现如今餐桌上能遇见的，大关水碗都将其纳入碗中，形成自己的鲜明特色。

汤汤水水藏至道，菜菜盏盏是大关。生活在大关的人们都知道，制作大关水碗，对工序尤为讲究，菜不厌其工，

禽类大关水碗

汤头浓厚的大关水碗

虎皮鸡蛋大关水碗

工序繁复，菜肴之味丝丝入扣。对配料也十分挑剔，八角、花椒粗粝中透着倔强，辛夷花、枸杞、桂皮也各显神通。舀一瓢大关水，甘洌清爽，吃一勺大关水碗，醇香鲜美，一顿大关水碗吃下来，每一寸肌肤里都裹挟着美食的洗礼，每一个汗毛孔都透着舒畅。

　　没有浅浅的碟，上来全是大海碗，"无水碗不成席"，这里所涵盖的是厚重大方的桐城文化。大关水碗的饮食文化特色里，也烹煮着千百年来桐城人的热情，练就了桐城人的坚毅秉性和智慧的文化基因。

　　吃食，从来都不是单独存在的个体，浓厚的汤头，喷香的时蔬里都在诉说着大关不一样的故事。

左手桐城小花，
右手龙眼春翠

店　　名：明堂山茶叶专业合作社
地　　址：安庆市岳西县 318 国道附近
推荐指数：★ ★ ★ ★ ★

在安庆，吃过了江毛水饺或是鸡汤炒米，有些腻，有些渴，有两种选择，要么来一杯桐城小花，要么奢侈一些，来一杯龙眼春翠。

在安庆喝茶，自然要去岳西县，那里的明堂山茶叶专业合作社里有各种优质茶供食客们挑选。这其中属桐城小花和龙眼春翠最出名。

桐城小花，来自桐城，有着一种小家碧玉的美，又裹挟着桐城派雅洁的文化气息。这种茶，价格不贵，味道不俗，属于平民茶的一种，很得安庆人的欢心，居家品茗，馈赠亲朋，一提桐城小花，不丢面子，很有"里子"。朋友两三或是一人独处时，泡上一盏桐城小花，随着袅袅的热气，一股沁人心脾的香气便在空气中弥漫开来，这种香近似于兰花香，茶汤碧绿清澈，口感甘甜醇厚，让人回味悠长。

　　龙眼春翠被称为皖西茶的代表，贵乎稀有。这种茶的品行，高档、霸气，色泽翠绿，茶汤醇和，清香持久，不可多得。品龙眼春翠的感觉，和吃一碗牛肉面，喝二两小烧酒，来三五个咸鸭蛋，绝不相搭，若不然，则有"着西装穿拖鞋"之嫌。当然，任何事情都不是绝对的，若真有人送我龙眼春翠，如此美味之茶汤，我肯定是来者不拒。

　　这两种茶都产自于龙眠山，此山属霍山山脉东南走向的支脉，峰高谷深，野生兰草充盈山坡，山峰海拔 400~1 047 米。桐城小花与兰草一起，沾染了兰草之香气；龙眼春翠呢，清人姚兴泉的《龙眠杂忆》载："桐城好，谷雨试新铛，椒园异种分辽蓟，石鼎连枝贩霍英，活火带云烹。"真是诗意恣肆，雅洁至极。

　　悠悠龙眠山上茶，脉脉紫来桥下水。安庆的茶与水是一对绝配，缺一不可，互为补充。这一点，有些像美食中的老俗理：原汤化原食。

　　茶本是雅物，品茶是雅事。此生没有大能耐，邀一杯桐城小花也好，请一盏龙眼春翠也罢，餐后有茶和茶点吃，吃后无烦忧，乐哉快哉，只羡凡俗不羡仙。

品茶也是一种享受

粉蒸肉，
枞阳人的美食记忆

店　　名：爽再来美食广场
地　　址：安庆市枞阳县金山大道
推荐指数：★★★★★

🍃 ☀ 🌙 👁 ℹ ⚜ 🅿

　　我有一位祖籍枞阳的友人，每次他请吃饭，总不忘点一份枞阳粉蒸肉。点过之后，发现他也只是吃一筷子，剩余的全让予众人，问其何故，他说，我是枞阳人，由于工作原因离乡多年，闲暇之余，总想尝一尝来自故乡的味道。而这样一份粉蒸肉，每一次总能勾起我对故乡的诸多回忆，回忆翻江倒海，我不敢多食，唯恐陷入对故乡汪洋恣肆的追思里。

　　安庆枞阳不仅出文人，更出美味。枞阳粉蒸肉，在枞阳乡村称"鲊肉"，枞阳人吃鲊肉已有上千年的历史了，直至如今，枞阳人家每逢红白喜事，一年三节，还少不了鲊肉的帮衬。走在枞阳大街上，冷不丁还能遇见一个"枞阳鲊肉"的招牌。后来，枞阳县开了一个爽再来美食广场，有人在广场里专门制作鲊肉，于是吃枞阳鲊肉不再是一件难事。

　　一份粉蒸肉，把大米、桂皮、八角研磨成粉，把煮好的五花肉蘸酱后，撒上刚才做好的粉，碗底铺上一些豌豆（也有铺莲藕、山芋、土豆之类的时蔬），把拌了粉的肉码在上面，就可以上屉来蒸了，大约一个小时左右，肉烂粉香，夹一筷子，有了粉的包裹，味道全出，丝毫不腻；有了豌豆的打底，清香扑鼻，俨然一派田园风光在眼前。粉蒸肉一经起锅，满屋子的香味就胀满了你的鼻孔，再看那碟心的粉蒸肉，晶莹剔透，呈嫩黄色，吃起来脆嫩爽口，油而不腻，芳香扑鼻，回味绵长。如此吃食，老者嚼得烂，幼者不欺肠，真可谓老少咸宜之美味。

粉蒸肉的粉能开胃，肉入口腹，壮了人的豪气。使胃口大开，心怀大振，吃起饭来，风驰电掣，三两碗下肚，腴腹满足而走。若能走在枞阳古城里，睹满城人文，观枞阳风物，肉在腹中化为举步的能量，景在心中升华为枞阳的气象。

一个人的怀乡梦，多半情况下，也少不了几声辘辘饥肠的掺和。我的友人如此，历史深处那个为了吃吴江鲈鱼的大司马张翰辞官归乡，不也是如此吗？一城一味，换了地方，也就等于换了气场，若要怀乡，美食是最好的时光通道，无论千里万里，一碗美味知乡愁。一碗枞阳粉蒸肉，满满的都是枞阳人的乡愁。

回味无穷的枞阳粉蒸肉

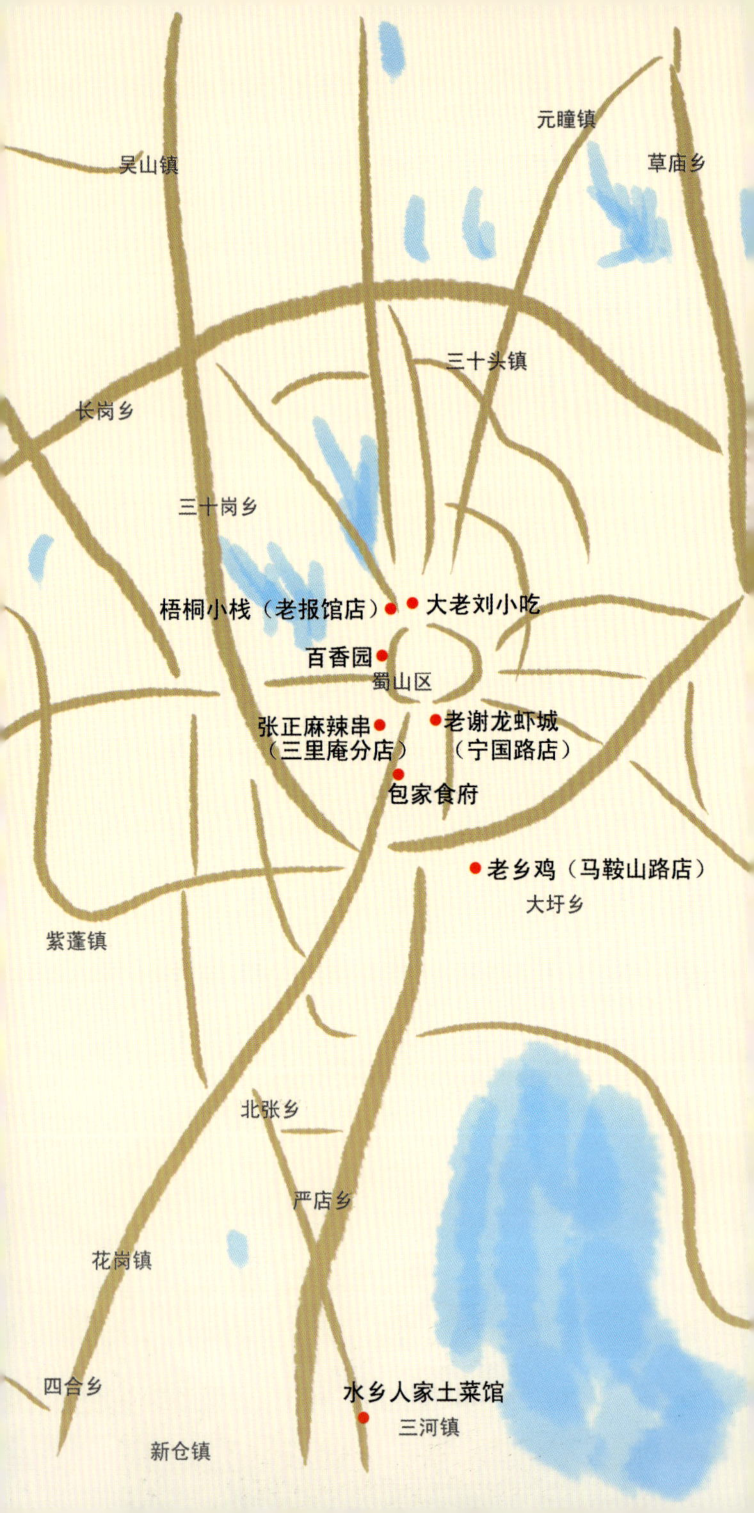

吴山镇

元瞳镇

草庙乡

三十头镇

长岗乡

三十岗乡

梧桐小栈（老报馆店）● ● 大老刘小吃

百香园 ●

蜀山区

张正麻辣串 ● ● 老谢龙虾城
（三里庵分店） （宁国路店）

包家食府 ●

● 老乡鸡（马鞍山路店）

大圩乡

紫蓬镇

北张乡

严店乡

花岗镇

水乡人家土菜馆

四合乡 ●

三河镇

新仓镇

Part 5
合肥夜幕下滚动的香潮

江淮之间，得江水的裹挟，淮水的滋润，怀抱巢湖，享有吃不尽的河鲜美味。龙虾在这里横行霸道，包公鱼在这里像标杆一样立着。这里，有着徽菜最纯净的文化记忆。

宁国路上匆忙行的小龙虾

店　　名：老谢龙虾城（宁国路店）
地　　址：合肥市包河区宁国路与九华山路交口东南角
电　　话：0551–62884799
推荐指数：★★★★★

"**拉**着你的手，轻轻吻一口，掀起红盖头，深深吸一口，解开红肚兜，拉下红裤头。"这首打油诗，乍一看，你会觉得声色犬马，实际上，却是美味人间。别想歪了，这是合肥人总结出来的小龙虾食用方法。

在合肥的宁国路，有两个地方最令人魂牵梦绕，一是安徽艺术学院，那里美女如云，校园话剧一部接一部，让人应接不暇；二是一家挨着一家的小龙虾店，其中老谢龙虾城的龙虾最为美味。

黄昏时分，灯刚刚亮起来，宁国路上一片红彤彤的景象。明亮的灯光，盘子里码在一起的小龙虾，丰腴的身子，堪比美人出浴。假若这时候你来到合肥，不经意间闯入这条街，喝几杯啤酒，配着小龙虾美美地吃着，不时有几位高挑的美女从你身旁走过，这时你肯定会想起蔡依林的一首歌《爱上了一条街》。的确，爱上一座城市，有可能是因为那座城市里的人；爱上一条街，有可能是因为这条街上的美味。

合肥小龙虾，产自巢湖水系，宽阔的湖面，澄澈的湖水，滋养了小龙虾的性情，难怪有人说，在合肥吃小龙虾，能吃出生活的别样滋味来。一盘小龙虾，在锅灶里咕嘟咕嘟地煮着，红烧的香气透过锅盖飘得整个街面上全是，有一种独特的甜，兼具一种小龙虾独有的香。

有位诗人朋友说："小龙虾，一定是前世犯了错的将军，今生，投胎为小龙虾来赎罪，你看它们通红的铠甲就知道，它们是没落的贵族。"是的，小龙虾的身体里的确有一种特殊的气息，鲜得逼人，香得透彻，虾肉脆爽，口感没得说，保准你从吃第一只起，就爱不释手。

麻辣小龙虾

街头售卖的小龙虾

鲜活的小龙虾

　　小龙虾有麻辣口味，也有蒜蓉口味，辛辣能掩盖小龙虾的腥，又能把虾的香气充分催发出来，组合成一种美味的诱惑。蒜蓉，可以杀菌，即便是在炎炎夏季，也不用担心有病菌伤害你的肠胃。鲜美香嫩的虾肉让舌尖的味蕾获得极大满足，舟车劳顿的身体得到这样的犒劳，也就得到了最大的放松。这趟旅程，你会庆幸没有错过合肥，没有错过这"上天眷顾的美味"。

从肥东到肥西，吃了一只老母鸡

店　　名：老乡鸡（马鞍山路店）
地　　址：合肥市包河区马鞍山路 488 号
电　　话：0551–63414169
推荐指数：★★★★★

　　刚到合肥上大学的时候，就听一位合肥室友说了这样一段顺口溜："从肥东到肥西，买了一只老母鸡，拿到湖里洗一洗，除了骨头就是皮。"字面意思很容易懂，但是，经由合肥方言念出来，俨然桃花源中人。

　　也正是这样一段顺口溜，让我对肥西老母鸡充满了无限的好奇。那时候，我还是穷学生，终日吃食堂，只有在周末才有机会到市区去打牙祭，首选的就是肥西老母鸡。

　　恕我孤陋寡闻，一开始我以为肥西老母鸡就只是鸡，见到之后恍然大悟，原来这是一个供应整套快餐的餐馆。

　　鸡汤手工面，汤如甘露，面若金丝，汤自然是用老母鸡熬制而成，醇畅无比，香味扑鼻，喝一口，仿佛有一只喳喳叫的母鸡在味蕾上展翅。面呢，当然非常筋道，绝对

　　的手擀面，纯手工的记忆里，有一种倔强的手工美。有时候我想，舌头这东西是最灵敏的，由不得人半点欺骗，同样是面，挂面、机械面、手擀面的分别判若天渊。

　　除了面，当然还有白斩鸡。熬汤出来的白斩鸡，切成块状，泼上辣子、醋、酱油、麻油，肥而不腻，爽口得很，佐以地道的安徽地方小酒，堪为绝世美味，一份白斩鸡照样可以吃出无边的风雅。

鸡汤面

配上辣椒的白斩鸡肥而不腻

　　海蜇丝也不错，这是肥西老母鸡店内的经典吃食，醋泡海蜇，真应了那句广告词："这酸爽，才过瘾。"除了醋泡海蜇和前面提过的白斩鸡以外，还有两个凉菜可以与之搭配，一个是泡椒鸡爪，一个是老醋花生米，这四个凉菜堪称"四小天后"。

　　我和朋友去老乡鸡的时候，刚好长智牙，那叫一个疼呀！以为没有可以下菜的吃食，不料，服务员跟我介绍，这里有水蒸蛋，我当时就点了一个，朋友们觉得我吃不了其他的菜，就给我点了一个鸡汤面。不一会儿，菜上齐了，我尝了一口鸡汤面，味道十分鲜美地道，和之前在肥西老母鸡店里吃的一样美味。水蒸蛋做得也不错，鸡蛋如凝脂一般，弹性也很好，吃起来，有一种奶油的口感，鸡蛋的鲜香全部被激发了出来。

　　肥西，顾名思义，在合肥以西，这里土地平旷，屋舍俨然，多湖泊草地，适宜饲养家禽，更宜散养。母鸡在大地与穹庐之间安享着光阴的恩赐，然后把浑身积攒的美味通过餐桌传达到人类的口腹中去，这是多么可爱的一场奉献。

黄灿灿的蒸水蛋

一盏青莲包公鱼

店　　名：包家食府
地　　址：合肥市包河区芜湖路（包湖公园附近）
推荐指数：★ ★ ★ ★ ★

合肥，是包青天——包拯的故乡，在合肥市区，有一面湖泊，名为"包湖"，有两样东西产自包湖，堪称双绝：莲藕与鲫鱼。这里的莲藕，脆而无丝，寓意包公一生无私为民；这里的鲫鱼，白嫩如雪，寓意包公一生清白，出淤泥而不染。后来，人们为了传承包公精神，把包湖里的莲藕和鲫鱼放在一起，做成了一道菜，名为"包公鱼"，深得食客们的喜爱。

包公鱼与一般的鲫鱼不同，包湖里的鲫鱼鱼背大都是黑色，如此黑背示人，也是有"铁面无私"的意思，大概是受到了包公精神的感染吧。

我在包湖公园附近的包家食府吃过一次，味道极其鲜美。鲫鱼骨酥肉烂，入口即化，汤汁有荷的香气，食之神清气爽，令人耳目一新。不像现在的许多菜肴，吃起来腻乎乎的，总给人一种"脑满肠肥"的感觉。后来每次提到合肥，我便会想到包家食府的包公鱼。

　　包公是怎样的人？路见不平，拔刀相助，是官场里的侠客。这又偏偏像极了鲫鱼，多刺，遇见不平事，总要扎你一下，让你知晓它的厉害；这种品格也像莲藕，高洁出尘，无人不爱。据说，做包公鱼，下面还要垫上一层猪肋骨，一方面是垫底防止煳锅，另一方面取的是"要留风骨在人间"的寓意。

　　相传毛主席十分喜爱这道菜，20 纪 50 年代，毛主席在视察安徽时，曾专门请人做过此菜，食后赞不绝口，还专门向大厨赠送了苹果。在那个年代，毛主席送人苹果可算是最好的礼遇和祝福了。

　　包公鱼之美，感动了领袖，更何况我们这样的平民百姓。清澈的包湖是一片明镜，天光云影里，投射的不仅是清廉文化，更有一种与众不同的美味在里面。

包公鱼

雪里蕻，合肥人餐桌上的暖心菜

店　　名：大老刘小吃
地　　址：合肥市庐阳区人民巷（近益民街）
电　　话：0551-62611461
推荐指数：★★★★★

　　在合肥的大老刘小吃店里，有一道用雪里蕻为食材做成的雪菜炒饭，味道非常不错，当时我吃到这盘炒饭时，记忆猛然回到 12 年前的时光。

　　2004 年的初秋，因为求学，我一个人拉着沉沉的行李箱到了合肥。举目无亲，唯有一箱书，几件单衣。坐上公交车，在赶往学校的路上，泪眼婆娑，想着我从此要孤身一人在合肥度过 4 年（也许会更久），不觉内心落寞。

　　到学校报到缴费，领完卧具，天色已晚，已经饿了的我走进校门口的小餐馆。老板问我吃什么，我随意一指他刚刚炒好的一盘饭说，就来这个吧。

　　5 分钟后，饭炒好了，老板边摸围裙边与我搭讪说，"同学，一个人来的？"我点头。

诱人的雪里
蕻炒饭

　　老板愣了一下说:"赶紧吃吧,你一定饿了,这是雪菜炒饭,外地不一定有这东西,你尝尝,挺开胃的,往往人的胃口一开,身上也就暖了,心事也就消解了。"

　　老板的一句话,戳到了我心里的酸涩处,眼泪在眼圈里打转。看到别的同学都有家长陪同来报到,我有种说不出的心酸。

　　店外起风了,毕竟是立秋以后了,晚风吹得人凉凉的。一盘雪菜炒饭很快就吃光了,我浑身汗津津的,告别老板,往校园的方向走,天上那轮月真圆,走进寝室,扑面而来的是室友们亲昵的笑脸。

　　此后,一个人的时候,我常去那家餐馆吃饭,每次都要点一份"雪菜炒饭"。后来我才知道,雪菜就是雪里蕻,在很多地方是被当成咸菜来吃的,合肥人也喜欢拿它来佐餐,尤其是早餐,喝一碗粥,两个茶叶蛋,配上一碟雪里蕻，味道清爽，感觉全身的毛孔都被打开了。

时光匆匆，在合肥的几年里，雪菜炒饭成了我最贴心的"朋友"。人常说，美食暖心，而暖心多半是从"暖胃"开始的。

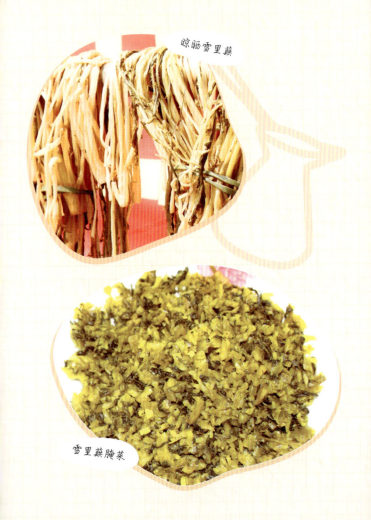

晾晒雪里蕻

雪里蕻腌菜

味蕾上坐果的萝卜丸子

店　　名：百香园
地　　址：合肥市蜀山区望江西路 203 号名郡生活广场三楼
电　　话：0551-65123868　18156078296
推荐指数：★★★★★

合肥蜀山区一家广场的三楼，有一家百香园餐馆，店内有鱼丸、烤羊排等美食，但我最喜欢的是萝卜丸子。一颗颗丸子黄澄澄的，松软糯劲，吃起来非常香，丝毫不亚于肉丸子的味道。

我对萝卜丸子的记忆要追溯到上大学时期。

在合肥上大学那会儿，我在安徽教育学院门口看见一个流动的摊点。一位白发苍苍的老太，正在炸制香喷喷的美食，走近一看，原来是萝卜丸子。红白相间的萝卜丝，酥嫩可人的丸子，引得不少人驻足。我也买了两个，边吃边走，遂想起当年外婆做萝卜丸子时的情形。

应该是 20 多年前，那时候外婆还年轻，切起萝卜丝来十分麻利，萝卜丝切得很细，胡萝卜和白萝卜分开罗列，然后和面，放上麻油和作料，把萝卜丝和面以顺时针方向搅拌在一起，再稍微"醒一醒"面，就可以烧油炸制萝卜丸子了。需要注意的是，油最好是菜籽油，因为这样炸制出来的萝卜丸子非常美味。

小时候，我最爱吃萝卜丸子，每次到了外婆家，只要是萝卜收获的季节，她都要亲自做给我吃，每一次都是吃得小肚鼓鼓，没法弯腰。如今，我微微有些肚腩，外婆每次见我，都说是当年的萝卜丸子给撑大的。

萝卜丸子是山东人最常见的吃食。我在安徽教育学院遇见的这位老人，她祖籍就是山东。抗日战争时期，年仅十几岁的她遇到了一个受伤的小战士，她就整整做了半个月的萝卜丸子，才把这个小战士的身体调养过来。后来，她嫁给了这名小战士，并从军跟着丈夫来到了合肥。如今，她已90多岁，儿孙满堂，每过一段时间，仍不忘做萝卜丸

酥脆可口的萝卜丸子

子给孩子们吃，那是她和丈夫的定情之物，其间，寄寓着
太多的美好回忆。她做的萝卜丸子孩子们都很爱吃，看她
身体还健朗，就鼓励她到外面做萝卜丸子给更多的人吃，
分享美味。

如今，年至耄耋的老太，眼不花耳不聋，满口牙洁白
如初，她笑着说，全靠吃了萝卜丸子身体才这么好。萝卜
养生，丸子里的萝卜丝爽脆护齿，菜籽油可以预防"三
高"，因此，萝卜丸子是绝佳的美食。

我夸赞老太，说她的萝卜丸子卖出了"门道"。她说，
她才不在乎这几个萝卜丸子的钱，她只是想把自己一生的
故事讲给大家听，在这一次又一次的重温中获得岁月带给
她的温暖。

油炸萝卜丸子

白萝卜

香黏筋道的炒年糕

店　　名：梧桐小栈（老报馆店）
地　　址：合肥市庐阳区环城南路与金寨路交叉口老报馆内 11 号楼
电　　话：0551-62844577
推荐指数：★★★★★

合肥多美味，在梧桐小栈里，一份桂花炒年糕又黏又香，味道极好，是无数食客的心头最爱，这其中也包括我。

炒年糕备料很重要。先把白玉板一样的年糕切好，码在盘子里，切的时候，需稍稍用力，这证明年糕相当瓷实。备好番茄沙司，还有葱花、胡萝卜丝、些许辣白菜，还可以放一些洋葱来提味。

炒年糕的做法很简单，先把切片的年糕在沸水里煮一下，然后，清锅，放上油、葱花，烹炒两三下，接着，将年糕下锅，让它在炒锅里打五六个跟头，放入番茄沙司，再放上辣白菜，最后倒入胡萝卜丝，稍稍加一些作料，即可出锅。

第一次吃这样的炒年糕是在梧桐小栈，年糕很有嚼劲，几度让我想起了皖北地区的"死面饼子"。吃辣白菜和胡萝卜丝的时候，味道就更有爽劲了，一道菜，有黏有脆，两重天地。

其实，炒年糕绝不仅仅是"爽口"这么简单，还可以"养心"。

如果你了解年糕的制作过程，就会发现，历经磨粉、熬煮、敲打，大米才成了这般瓷实的吃食。其实，年糕的制作过程与人的成长过程无异，大米受到碾压，可以涅槃重生成另一种美食，再次受到敲打，才能更有嚼劲；人生，也只有历经挫折，才能让自己的心智更成熟，意志更坚忍，任他岁月风吹雨打，我自坚强而立。

辣椒炒年糕

撒上芝麻吃起来更香

年糕的制作过程

炒年糕再好吃，如果不配上辣白菜和胡萝卜丝，炒出来的味道也不好吃。这就好比单打独斗很难有所成就，每一个人都是社会人，都需要在岁月的征途里找个帮手，寻个伙伴，并肩前行，这样才能成就惊艳脱俗的人生。

吃炒年糕，不易多食，否则不易消化。可见，再美味的东西，吃多了，也于身体无益，饮食和做事一样，凡事要讲求个度，错过了这个"度"，不光会与原计划背道而驰，还可能事与愿违。

佛禅说，一花一世界，一叶一菩提。这就是一盘炒年糕里的人生哲学。

那些被麻辣串串起的流年

店　　名：张正麻辣串（三里庵分店）
地　　址：合肥市蜀山区官亭路（近旺城大厦）
推荐指数：★ ★ ★ ★ ★

那些年在合肥，最开心的一件事就是周末逛街累了，到三里庵东侧买几串张正麻辣串来犒劳自己。那时候，似乎冬季特别漫长而且特别冷，所以每次吃串串的时候都会多抹一些辣子，给身体增加热量。也就是那几年，我练出了吃辣子的水准。软软的腐竹，被炸至焦酥，抹上特制的辣酱，仿佛给味蕾一下子灌饱了水，异常的满足感溢满全身。

除了焦酥的腐竹，炸年糕的美味也让人念念不忘。颇具黏腻感的年糕，一和沸腾的菜籽油放在一起，一股浓香便迎面而来，年糕炸至三分钟后捞出来，配上酱料，吃起来非常耐嚼，也非常筋道，似乎把万千流年，都黏滞在年糕的香氛里。

吃麻辣串，当然少不了海带。炸海带时，一股腥中带甜的香飘过来，像是一股海风吹过了蜜罐，甜甜的、咸咸的，这种味道似乎只有在张正麻辣串才能品尝到。

那些年，大学校园里有很多恋人都爱吃麻辣串，他们吃麻辣串还有一层别的寓意，就是希望毕业以后，冥冥之中仍有一只竹签把他们串在一起，继续"麻辣"下去。

时过境迁，每次去合肥出差，或偶有闲暇到合肥旅游，我总不忘到三里庵那家张正麻辣串店，再吃几串腐竹和炸年糕，一为解馋，二为回味岁月。这家店经营了多少年，我不得而知。只知道，它在一定程度上，为我的爱情增添了别样的味道，一根竹签，把青菜年糕穿成串，也在一定程度上，串联着缘分。

后来有一天，我在亳州街头也发现了一家张正麻辣串连

麻辣串

在油中翻滚的
麻辣串

麻辣串由各
种食材串成

锁店，兴致勃勃地去吃，不知什么原因，总是吃不出当年的
味道。难道，连美食也在光阴里变了味道吗？我带着疑问，
再去合肥试验，一试方知，合肥的麻辣串依然坚守着当年的
味道，或许是到了异地，麻辣串也有了乡愁吧。

春令早韭一束金

店　　名：水乡人家土菜馆
地　　址：合肥市肥西县三河古镇一级游客中心斜对面（旅游停车场
　　　　　向西50米）
电　　话：15256020225　18356047674
推荐指数：★ ★ ★ ★ ★

在肥西县的三河古镇游玩时，我们逛饿了，便进到水乡人家土菜馆里，拿起菜单，点了三盘菜，都是家常菜，其中有一道地皮炒韭菜，是大家的最爱。这道菜清香爽口，很是开胃。

韭菜这东西，很多人说它是粗纤维，说它如何补体壮阳，味道极好，我不这么觉得。我还是赞同李渔的说法，"烹早韭，剪春芹"。早韭倒还算香甜，到了晚韭，味同嚼草，其味道着实不敢恭维。

初春堪割早韭最好是在清晨，休息了一整夜的韭菜吸纳了天地灵气，肌肤自然亮泽；且有露珠凝结在韭菜尖儿上，水润润的，如同婴孩的肌肤，吹弹可破。我们可以把新割下的嫩韭洗净，放在盘子里，用酱油、米醋、精盐和麻油调之，一盘凉拌韭菜就做好了，其味道的鲜美程度，完全可以称为植物刺身。

有这么一句话叫"春令早韭一束金"。意思是初春的韭菜，割下来一把拿在手里，就等于是拿了一把金子。韭菜确实还是嫩点好，自身味道鲜美不说，病虫害也还没有发生，用不着去打农药。

据说蒲松龄也爱吃早韭。穷困潦倒的他身上只有六文钱时家里来了客人，没办法，他就让妻子用两文钱买了韭菜。然后从鸡窝里取出两只鸡蛋，煎至半熟，把事先腌制好的韭菜放在盘心，两个煎蛋放在上面，名曰"两个黄鹂鸣翠柳"，真是妙雅不失风度。

凉拌韭菜

　　韭菜可是稀罕物，在《唐制》中有这样的规定："立春，以白玉盘盛生菜，颁赐群臣。"立春时节，皇帝都用新韭大宴群臣，可见其尊贵程度非一般农家可以享用。韭菜性温，主生发，尤其是"头韭"（第一茬儿韭菜），承接了早春的第一场雨，寓意吉祥，其味妙不可言。

　　今年早春，我买了一处房产，很多人都说我买贵了，我也闷闷不乐。一场雨过后，院子里发出了一畦新韭，我喜出望外，就着晨曦把新韭洗了，拿了半根在嘴里，嚼一嚼，鲜美的味道在嘴里翻滚如潮。我瞬间觉得，这处房子，我买值了！

新鲜的韭菜

一人一栗

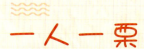

品　　名：栗子
地　　址：合肥市庐阳区宿州路 8 号商之都门前
推荐指数：★★★★★

在合肥商之都门口，有一个糖炒栗子摊位非常有名，他家的糖炒栗子口感醇香味浓，非常香甜。从那里走过的路人都会买一些，还有好多人专门来这里买栗子。

大家都夸这家糖炒栗子香甜，但具体有多香甜谁也描述不清。糖炒栗子有多香甜，只有经历过苦的人才知道。

那时候，我还在合肥。一个凄冷的冬日，我在路上遇见一个炒栗子的老者，须发皆白，叫着"糖炒栗子、糖炒栗子"。老者好似烧火僧，他的栗子好似一簇簇小火苗，我毫不犹豫，买了一大包。栗子真好吃，皮薄、实香。那是我人生中第一次吃板栗。

后来，我还有多次吃板栗的经历，所食的板栗牌子

炒好的栗子
色泽诱人

都比"北风老者"的要响亮，板栗的"尊荣"也好看得很，但都不如那次的好吃。我多次想到这件事，想来或许是因为凄苦的日子里偶遇一粒含有糖分和热量的食物，因此觉得分外香甜吧。

汪曾祺先生曾经在《栗子》里写下这样的句子：冬天，生一个铜火盆，丢几个栗子在通红的炭火里，一会儿，砰的一声，蹦出一个裂了壳的熟栗子，抓起来，在手里来回倒，连连吹气使冷，剥壳入口，香甜无比，是雪天的乐事。

不管是什么人，有没有乡村生活经历，见到这样一段文，都觉得妙趣横生，看得人手心里都是滚烫的。

栗子南北都有，北京的良山板栗很有名，曾多次作为贡品送到长安，乃至慈禧身边，以其皮薄、籽粒大、香甜可口而闻名。良山产良栗，百姓争而食之，乐此不疲。皖北不产栗子，气候不行，也不临山区。但这里的人爱吃栗子，因为气温低，而栗子是高热量食品，吃它能御寒，且能慰劳口腹。因此，在严寒的亳州街头，本土的、外来的、推车的、街边摊的，各种板栗店随处可见，亳州人唤板栗为"毛栗子"，乍一听，像是在叫谁家的"毛头小子"。聊天时，最适宜吃板栗，边聊边剥，板栗壳硬，籽粒大，不用看，就能分辨彼此，一把板栗一杯茶，可以话桑麻，也可以拉拉家常呱。

一人一栗，每一个吃得起栗子的人，都应该有一段被栗子掺和的过往。时光匆匆，就是不知道，多年以后，某人想起某事，会不会想起和此事相关的一个栗子。

大锅中正在翻炒的栗子

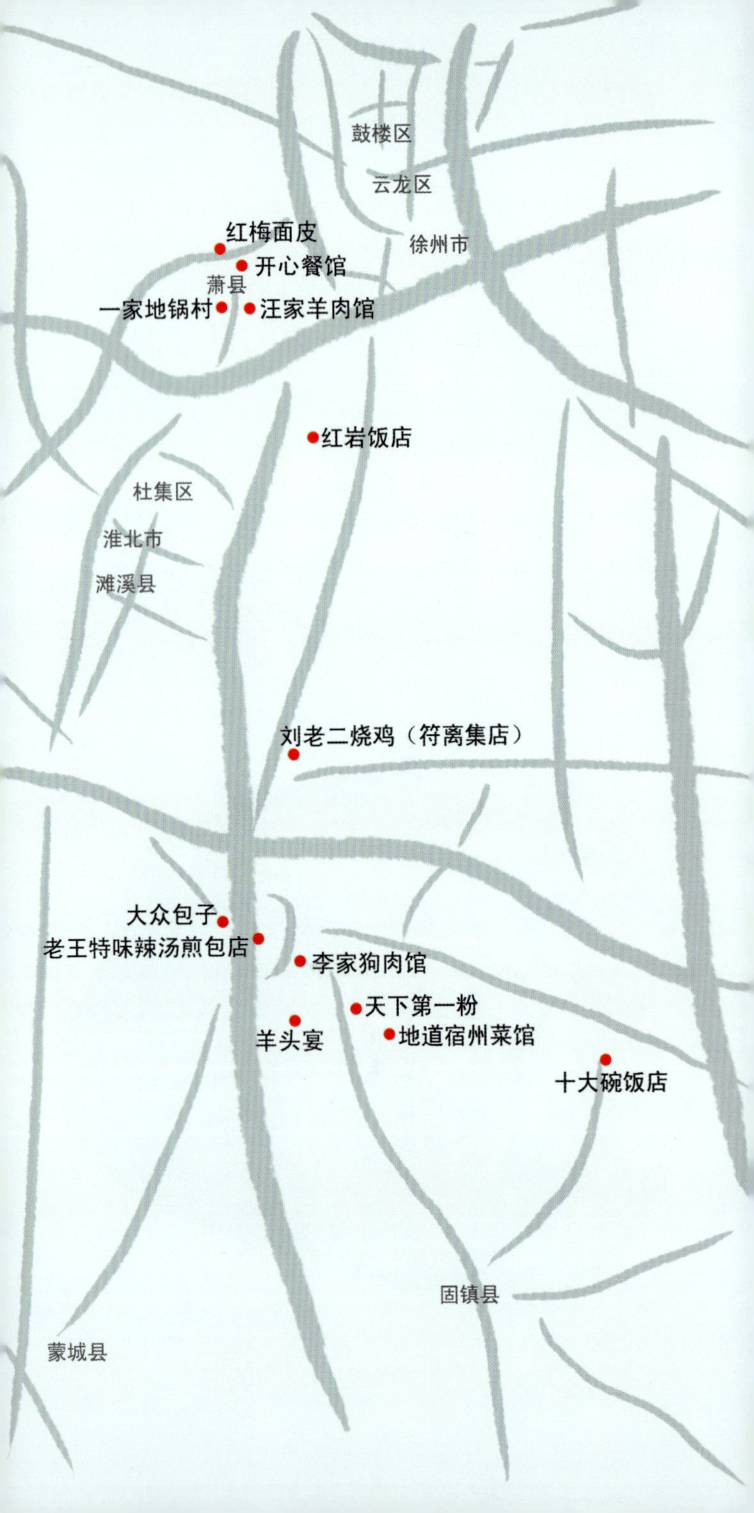

鼓楼区

云龙区

徐州市

红梅面皮
●
开心餐馆
●
萧县
一家地锅村 ● 汪家羊肉馆
●

红岩饭店
●

杜集区

淮北市

濉溪县

刘老二烧鸡（符离集店）
●

大众包子 ●
老王特味辣汤煎包店 ●
李家狗肉馆
●
天下第一粉
●
地道宿州菜馆
羊头宴 ●   ●
十大碗饭店
●

固镇县

蒙城县

Part 6

淮北旷野上
飘扬的炊烟

不入淮北怎知徽菜的线
条？一望无垠的淮北平原上，土
鸡散养，羊群遍地，一切美景皆
食材，总之，这里有享之不尽的
美食。

符离集烧鸡

店　　名：刘老二烧鸡（符离集店）
地　　址：宿州市埇桥区 077 乡道老西门超市旁（206 国道西侧）
电　　话：0557–4084328
推荐指数：★★★★★

烧鸡，在我们这些农村长大的孩子看来，是多么奢侈的字眼。那时候，村子里仅有两家做药材生意的富裕户才吃得起烧鸡。

符离集烧鸡全国驰名，它以"色佳味美，香气扑鼻，肉白嫩，肥而不腻，肉烂脱骨，嚼骨有余香"而蜚声九州。我吃过符离集籍室友带来的烧鸡，的确肉质味美，鸡皮脆爽，满口生香。从宿州带到合肥，距离数百千米，竟然还这么美味，若是刚刚出锅，岂不是更让人欲罢不能？

提起烧鸡，就不能不说最早烹制鸡肉的人钱铿，他因向尧帝献野鸡汤而得到尧帝的欢心，遂封他为彭祖。《楚辞·天问》载："彭铿斟雉帝何飨？受寿永多，夫何久长？"作为中国烹饪的创始人，彭铿首先在烹鸡上下功夫，可见鸡在中国烹饪中的重要性。

　　符离集烧鸡早在春秋战国时期就成为各诸侯国君臣的贡品。到了乾隆年间，乾隆皇帝南巡时路过符离集，当地知州向乾隆皇帝进献符离集烧鸡，烧鸡的美味也得到了乾隆皇帝的大加赞赏。由此可见，历经千年，符离集烧鸡的魅力有增无减。

　　我从合肥毕业多年，与室友也匆匆而别，后因地域原因也很少相见，几次从宿州坐高铁转车，都要到刘老二烧鸡店里买一只烧鸡，趁热乎吃，口感特好，香而不腻。挑最小的，我能足足干掉一只，有时候吃不了，可

切成块的烧鸡更方便食用

色泽鲜亮的符离集烧鸡

以打包带回家，放在微波炉里稍事加热，味道一如刚出锅时一样鲜美。

烹制符离集烧鸡的源头就在淮北、宿州、亳州一带，这里地处皖北大平原，适合麻鸡的生长。这里的天地对于这些小生灵来说，可谓得天独厚。它们撒欢奔跑、吃食，与别的鸡仔相处，恋爱、生蛋、繁衍生息。这里是麻鸡的乐园，麻鸡开心了，烹饪出来的菜肴，自然就多了一重厚度。所以，同样的作料，哪怕是同一个师傅，换其他地方去做，也做不出符离集烧鸡的味道来。

看来，美味也有自己的故乡，也有自己独特的秉性，在不同的时间、地域，发挥不了最极致的香。这也许就是美食家们口中的"地缘优势"吧！

烧鸡搭配小菜
肥而不腻

美味的萧县羊肉汤

店　　名：汪家羊肉馆
地　　址：宿州市萧县东环路北段路西（萧县供电局北段路西）
电　　话：0557–5555525　15955783555
推荐指数：★ ★ ★ ★ ★

古人云：羊大为美。羊肉，自古以来就是国人喜爱的美味，羊肉能御寒，羊肉汤中蕴含着丰富的营养，实为吃食中的奢侈品。

萧县羊肉汤，作为中国最具代表性的羊肉汤之一，距今已有 300 年的历史，曾作为御膳供皇帝及其后宫佳丽们享用，尊贵程度可见一斑。萧县地处皖北，这里生长的白羊，因为吃的是平原上的青草和作物，所以肉质鲜美，腥膻味较轻，深得大家的喜爱。

在萧县开有这样一家羊肉汤馆，名为汪家羊肉馆。这家馆子可不像其他的小馆子，单凭门前那副对联就可以看出其豪气。上联是"老字号名震徐淮三百里"，下联是"羊肉汤味压江南十二楼"。如此阔气的对联，全国的羊肉汤馆能有几个？

　　有人说，餐馆老板的格局，决定着菜品味道的厚度，这话多少是有些道理的。进入汪家羊肉馆，有上等的羊肉汤，还有各色风味小菜。若是在严寒的冬日，几个人没事做，打完了牌到馆子里来一碗羊肉汤，每人碗里泼一层辣椒油，再叫几个可口的下酒菜，那醇香美味的羊肉汤能让人吃到浑身大汗淋漓，窗外的霜冻丝毫不能近身。

　　吃羊肉汤，不光要羊肉鲜美，还要求汤汁地道。汤汁好不好，全靠料来调。萧县大街小巷的各家羊肉汤馆，都有自己的独家配方，那就是味道独特的辣椒油。餐馆老板把买来的皖北小辣椒用羊油来炒，煸至焦干，再捣碎了做酱，辣椒与油脂充分融合在一起。这样的羊肉汤辣中带着鲜香，汤白如玉，开胃健脾，香菜绿得像夏天的青草，因为都是大地上的生物，吃起来，自然最合乎人的脾胃。

汤里的羊肉色泽红润，
十分诱人

羊肉汤

羊肉

　　除了羊肉汤，羊杂汤也十分美味，用羊肝、羊肺、羊脾做成的羊杂汤，佐以红彤彤的辣子，一样吃出鲜活和喜庆。

　　如今，萧县羊肉馆已经开遍了全国各地，成为美食界的一道亮丽风景线，这点吃货们都晓得。我曾在几个城市吃过萧县羊肉汤，都不比当地的好，因此我推荐，吃以地名命名的美食，一定要到当地去。就好比想要全面了解一个人，就去他的故乡一样。

地角皮配鸡蛋，又香又鲜

店　　名：红岩饭店
地　　址：宿州市萧县皇藏峪国家森林公园附近
电　　话：13955754404　13170079884
推荐指数：★★★★★

🌞 🌙 👤 👥 ⛰️

　　在故乡，流传着这样一个动人的传说。有一位孝子，数十年如一日，侍奉双目失明的母亲。这一年，遭了饥荒，所有吃食甚至连草根也被挖了去。母亲饥饿难耐，出现了幻觉，说她看到了好多海带和紫菜在眼前晃悠，若能吃上一碗紫菜蛋汤就好了。

　　孝子冒着炎炎烈日出门去掏鸟蛋，他想，即便不能找到紫菜，找一些鸟蛋回去也好。他冒着酷暑爬遍了村子周边的大树，终于在一棵大树上找到了一窝鸟蛋。他喜出望外，把鸟蛋装在贴身的衣兜里。突然，他头一晕，直直地从树上摔下来昏倒了。

　　等孝子醒来时发现刚才下了雨，彩虹挂在天边，孝子身边的土地上，长出了好多类似紫菜的东西。孝子很高兴，并用这种"紫菜"和鸟蛋，给母亲做了一碗"紫菜蛋花汤"，母亲喝了这碗汤之后，眼睛竟能看到东西了。母亲告诉孝子，这是东海龙王显灵。孝子赶忙到刚才自己摔倒的地上再去寻那些"紫菜"，可是一丁点儿也找不到了。孝子再次磕头跪拜，多谢龙王从东海降下了紫菜给母亲，还普降甘霖，救活了当地的百姓。

当然，这只是一个传说故事。所谓地上长出来的紫菜，是一种菌类，也就是地衣、地耳、天仙菜，俗称"地角皮"。这种菜只有雨后才能捡拾到，十分美味，可以用来炒蛋，也可以做蛋花汤，味道比紫菜还要鲜美。我吃过最好吃的一家，是在皇藏峪国家森林公园附近，名字叫作红岩饭店。

那次是和友人外出散心，从天门寺去往皇藏峪，快到的时候将近中午，恰巧看到了红岩饭店的牌子，冲着上面写的"野菜、野味"便走下车来。这一餐真是不负众望，野蘑菇炖鸡、野菜饼、油炸南瓜花、野蒜苗炒鸡蛋、白菜猪肉炖粉条……每一道菜都很有特色。其中一道地角皮炒鸡蛋是我最中意的，吃了多半。

长在地上的地角皮

地角皮炒鸡蛋虽然是一道简简单单的菜，但有着别致的口感。在盘子里，黑褐色的地角皮衬托得鸡蛋更加嫩黄细腻，夹一口地角皮放进嘴里，细细咀嚼，那爽爽脆脆的质感给人一种非常畅快的惬意，而鸡蛋的细嫩又让人体验到一种香浓的柔腻，很是不错。

同样是乡下人，一位在行伍做过红笔师爷的林老先生，却清楚知道地角皮的来历。他还编了一串歌谣：大地张嘴饥又疲，龙王带雨来救急，翠珠飘落还不算，还赐大地一脚皮。

林老先生就是诙谐，他把地角皮称为天神搓下来的一块脚皮。不过，还是做"神仙"好，搓下来的"脚皮"都是香的呀！

晾干的地角皮

地角皮炒鸡蛋

皖北有响菜

店　　名：地道宿州菜馆
地　　址：宿州市埇桥区新华村美食广场
电　　话：0557-2968988
推荐指数：★★★★★

> "**皖**北有响菜，生在黄土间，身着翡翠衣，沸水浑不怕，食来有声色，唇齿如踏雪。"

这是描写皖北响菜的一种歌谣。响菜，即苔干，因吃起来嘎吱作响，又名"响菜"。这可不是一般人对它的称呼，"响菜"的称谓大有来头，相传20世纪60年代，周恩来总理吃到响菜后，被它清脆的声音所打动，便为之取名为"响菜"。响菜在清朝时，被作为贡菜进献给朝廷，深得宫廷喜爱。我想，响菜在清朝"走红"是有原因的，响菜青碧可人，在土地上生长时，就葱茏旺盛，做成苔干之后，焯水依然葱碧如茶，呈现出一派旺盛的"青"，这与清朝的"清"字谐音，又寓意美好，味道鲜美，当然深得人心。

生在皖北的少年，每到苔干收获的季节，都会来到田间。田里刚刚收获的苔干，水分足，蔬菜汁最浓，吃起来提神醒脑，非常爽口。苔干收好后，马上就要切好，通常是一切四瓣，挂在绳子上晾晒。田野里竖起了棍子，拉满了绳子，上面挂晒的都是青碧的苔干，如绿的营队，一字排开，非常讨喜。深秋时节，苔干在皖北的风里渐渐丢弃水分，变得纯粹。冬天的大幕一经拉开，吃锅仔的多了，就轮到苔干登场亮相了。

以前，苔干菜是家常美食，现在厨师们将它们带进餐馆，做成一道道美味菜肴，供食客享用。在宿州的美食广场，人们只要进入地道宿州菜馆，便能吃到美味的苔干菜。在众多苔干菜中，苔干烧肉是最受人欢迎的一道菜。

苔干烧肉是最好的搭配。肉要选用五花肉，其油脂可以充分与苔干融合，将苔干的鲜香催发出来。苔干经过了沸油、作料与烈火的烹灼，颜色依然葱绿。都说苔干有两次生命，一次在皖北的黄土地上，另一次在餐盘里。这份情怀和绿茶极其相似，也和岁月深处抱朴守拙的人很相似。

吃苔干，要有一口好牙。孩子们爱吃，是流连于唇齿之间的游戏，苔干在小孩子的嘴里，嘎吱奏鸣，这是美味的交响。年岁大了的人爱吃，是感慨年华的易逝，所以，趁着韶光尚好，去体会苔干的味道吧！

苔干，口感脆爽，又称为"响菜"

让人大快朵颐的
原油肉

店　　名：十大碗饭店
地　　址：宿州市灵璧县新华路
推荐指数：★ ★ ★ ★ ★

在宿州的灵璧县，有一家十大碗饭店，饭店里的菜肴并不只是十大碗，而是有多种菜品。不过，最让人垂涎欲滴的是原油肉。原油肉这个名字听起来荤意十足，吃起来却丝毫不觉得油腻。

原油肉一般是过年时才有的汉族吃食，辛苦了一年的人们会用美食的方式犒劳自己，原油肉就是具有代表性的一种。旧时，一进腊月村里的猪就不卖了，养足了膘，待到小年以后，宰一头，亲戚们一一分食，肥瘦适中的，就用来做原油肉。所以，旧历年将近时，村子里的烟囱一飘烟，各家各户萦绕的就是原油肉的味道了。

原油肉的做法很细腻。用肥瘦相间的带皮猪肉切成巴掌大的四方块，用白水煮上几滚，待到肉七分熟，捞出来，切成条状，拌上盐巴和甜酱，肉皮朝着粗砂小碗的里面，码在碗内。上面放上事先调拌好的大头菜、姜片、黄花菜等蔬

原油肉

菜，上屉蒸。大约一个小时后，原油肉的香味如汩汩水流般淌出来，焖一会儿，就可以出锅了。出锅后的原油肉还不能立即享用，在碗上倒扣一只碟子，迅速翻转过来。这样，猪油的脂香充分浸润到蔬菜内，猪肉不腻，蔬食莹润洁亮。

蒸好倒扣过来的原油肉，肉质鲜亮，蔬菜的鲜透过油脂散发出来，裹挟着肉的香，这是水乳交融的味道。肉若臂弯，蔬菜好似孩童，在肉的揽照下，温婉可人。

皖北人一般这样吃原油肉：刚刚蒸好的馒头，从中间掰开，放一块在馒头中间，夹起来吃，有一种大口吃肉的快感。当然，也可以佐以白米饭吃，肥肉味足，瘦肉香浓，垫在下面的蔬菜开胃，吃这样的菜，才真正配得上"大快朵颐"这个词。

按理说，原油肉老年人不宜多食，但皖北的许多老者偏好这口，有的能吃一碗仍意犹未尽。从健康的角度来讲，老年人忌大荤，但这些爱吃原油肉的老人身体也大都健朗，这多半是碗底那些蔬菜的解腻之功。

皖北一带的汉族人家，红白喜宴的正席上，都少不了原油肉。这道菜一般是最后一道汤羹之前的菜肴，在当地人的印象里，汤不算菜，原油肉就是压轴出场了，足见其在人们心目中的分量。

人生至味鱼咬羊

店　　名：汪家羊肉馆
地　　址：宿州市萧县东环路北段路西（萧县供电局北段路西）
电　　话：0557-5555525　15955783555
推荐指数：★★★★★

　　小时候，老师在黑板上写下"鲜"这个字，我就很纳闷，为什么鱼肉和羊肉在一起就新鲜了呢？后来，直到我去了安徽萧县才知道，原来最鲜最美的就是"鱼咬羊"。

　　小小的鱼儿，怎么可能会咬住羊？这只不过是人的手段罢了。鳜鱼去掉腮，洗净后，在开水里烫一下，立即捞出来，滤干净水分，用盐巴码在盘子里。然后把羊肉切成块，在油锅里干煸至六成熟，再把羊肉塞到鱼的肚子里，加上葱段、姜丝、八角、花椒等，上锅来炖。直到汤色发白，鱼肉熟了，羊肉也跟着熟了，出锅，淋上麻油，味道极其鲜美，简直是无可比拟的美味。吃罢鱼咬羊，终于知道老祖先为什么造出来这个"鲜"字了，估计他们也是吃了"鱼咬羊"。

据传，"鱼咬羊"的发明者是孔子的门生，有一年，孔子打算前往安徽亳州向老子问礼，一路上困难重重，就连吃饭都成了问题。有的学生就沿路讨来一小块羊肉，还有的逮了一些小鱼，来不及多想，就把羊肉塞到鱼嘴里去蒸煮，最终，味道竟然格外香醇，鱼酥肉烂，不腥不膻，汤味鲜美，风味特别。自此开始，他们一路上，一有条件就要吃这道菜，深得孔子欢心。

萧县是羊肉汤的发源地，在这里，南来北往的人，除了爱吃萧县羊肉汤之外，还爱点一份"鱼咬羊"。因此县城既有以羊肉汤为主打菜的餐馆，又有以鱼咬羊为主打菜的餐馆。在萧县的汪家羊肉馆里，这两道菜却同时并存着。而且，汪家羊肉馆的羊肉汤好喝，鱼咬羊也很美味，吃起来非常鲜美。

鲜美的羊肉汤

鱼咬羊

萧县人做"鱼咬羊"有自己的秘诀，总在最后一滚汤停下来之前，撒入一把洗净的小茴香末，小茴香把鱼和羊肉的鲜给充分生发出来，有一些"一龙分二虎"的意思，可谓"鲜上加鲜"，"鲜"到让人迷迷糊糊，如临仙境的感觉。

鱼，乃水中的至宝；羊，是地面上的美味，金风玉露一相逢，便胜却人间无数。因此，到了萧县地界，如果没有吃一份"鱼咬羊"，你都不好意思说你去过萧县；去过了萧县，你没有第二次吃"鱼咬羊"，你都不好意思说你懂吃；吃了第二次"鱼咬羊"，你回去没有想亲自做一份的冲动，那绝对是"鱼咬羊"的失败。

如此的美味，我想，天底下也只有"鱼咬羊"这独一份了。

地锅汤，
地炉篝火煮菜香

店　　名：一家地锅村
地　　址：宿州市萧县中山南路
电　　话：13855730277
推荐指数：★ ★ ★ ★ ★

🌞 🌙 👤 👥 ⛲ 🛵

中国最早发明火锅的是陆游先生吗？要不，他怎会在《菜羹》里写出这样的句子："青菘绿韭古嘉蔬，箢丝菰白名三吴……地炉篝火煮菜香，舌端未享鼻先尝。"

在南山上，白菜如玉，韭菜似翡，蒜黄灿然。在风清气朗的四季，我且守着一方田园，一间草庐，一个人，生起一堆火，燎起一副锅灶，煮水烹蔬。大户人家府邸上的熊掌驼峰，随他去吧，我且用篝火照亮脸庞，用时蔬犒劳肚肠。

遥想旧时乡间，我还是个少年，也曾在地炉前拿着火棍往炉内添柴，柴草嘶嘶地笑，母亲做的菜香气扑鼻，这是烧锅的少年最好的福祉。

　　近年来，在繁华的都市里，地锅风靡，像"地锅鸡""地锅羊肉"等，在大街小巷随处可见，饕客趋之若鹜。他们乐此不疲地在城市的街巷里，烧着地锅，熏呛得满脸油污，却没有丝毫的恼意，锅中的饭菜很快就满溢香氛。陆游吃地锅是风雅，旧时乡间农人食地锅是生活，如今都市人烧地锅是为了什么呢？

地锅羊肉，汤鲜味美

地锅鸡

　　我记忆最深的是在萧县的中山南路一家名为一家地锅村的餐馆里吃地锅。灶台、盖帘、炉火，便是地锅所有的器皿。等到上菜，人们都目不转睛，显然多是被地锅的美味给搅出了馋虫。旧事物，一旦被重新搬上历史舞台，一定是有它的价值，地锅的价值就是美味，干柴烈火，一釜佳肴，十几双期待的眼睛，眼看着牛肉卷和羊肉卷下了锅，茼蒿、油麦菜浮出水面。逐一品尝美味，牛羊肉鲜美细嫩，茼蒿、油麦菜清香爽口，无论哪一道食材都让人欲罢不能。举箸且食杀馋虫，"筷"哉，快哉！

　　地锅之美，美在接地气，所烹佳肴是土地上的嘉蔬，所燃草木也来自大地，作料如是，烧锅人也是土生土长，如此美食，实为千百年间流传下来的大风尚！走得再远也不忘从哪里出发，食遍九州也不忘故乡美味。地炉篝火煮菜香，实因地炉与篝火烹熟了内心的乡愁与热望。

给地锅中的食材调味

地羊原来是狗肉

店　　名：李家狗肉馆
地　　址：宿州市埇桥区宿蒙路
推荐指数：★★★★★

🌞 🌙 👤 👥 ⛲

地羊不是羊，而是狗肉。之所以不敢明说，是因为怕有些人提及吃狗肉有厌烦感。抛开这一层面，请单纯从吃食的角度来说，狗肉确实是一道好菜。

食狗肉古已有之，从考古发掘的墓葬中最常见的就是人骨和狗骨。古书中也有"燎犬"的记载，意思就是烧制的狗肉。传说曹操为犒劳自己的谋士，曾亲自烹饪狗肉，且有多种做法，深得谋士们的欢心。至今，在曹操的家乡亳州仍有许多狗肉汤馆、狗肉面条和狗肉火锅，是许多外地来亳游人的必选食品。

我出差到宿州，在宿蒙路一家名叫李家狗肉馆的餐馆里，吃到了地道的狗肉。狗肉瘦而不柴，肉质细嫩，吃到嘴里口舌生津，满嘴香气。

意狗肉

狗肉质地好，又是高蛋白，有补中益气、温肾壮阳的功效，是男人们的首选。《本草纲目》云："狗肉能安五脏、轻身、益气、强肾、暖腰膝、壮气力、补五劳七伤、实下焦。"看来，吃狗肉是有其医学根据的，而非简单地追求美味。

中国古代就有吃狗肉的习惯，到了冬季，尤其是冬至那一天，实为进补，以御寒气。屋外，北风呼啸；屋内，架锅烹狗，大块吃肉，场面着实壮观。让人瞬间想起了刘邦带领一帮人等打拼天下的某个冬日，刘邦应该也是喜食狗肉的吧，要不然，怎会有樊哙这样的"狗肉朋友"？

记得小时候的村里，若是谁家在做狗肉，其香味可以飘遍整个村子，难怪狗肉还有个别称叫"香肉"。

一块狗肉，万般美味在其中。

粉丝上楼，冬天不愁

店　　名：天下第一粉
地　　址：宿州市埇桥区安厦时代广场院内研磨时光旁（近大泽路）
电　　话：15212585858
推荐指数：★ ★ ★ ★ ★

每当初冬的寒风能把小孩子的鼻涕冻住的时候，我遂想起粉丝。

那时候，我还是个小孩子。院子里的木棍上，提溜着一个个重约 25 公斤的粉坨，这些都是深秋的时候，用地里刚犁出来的红薯打碎、沉淀做成的。

我常常伸手去捏粉坨上的粉，滑腻腻的，很好玩。父亲把这些粉坨拉到村子东头的作坊里，交给做细粉的师傅，一天的工夫，就变成了粉丝。

做粉丝的工序十分简单。先把那些粉坨敲碎，用水和成糊状，再烧开一锅开水，锅上吊着一只漏瓢，瓢下钻着檀香大小的小孔，把事先和好的粉糊挖到漏瓢里，不停地摇晃，那些粉糊就婀娜地成线状，落到沸腾的锅里。旁边专门有人用大竹筷子一抄，放到凉水里，就可以上竿子了。

一把粉丝可以有多种吃法。皖北乡下，最经典的要数粉丝煨萝卜和粉丝煨大白菜，这两样，均要用猪肉来打底，吃起来才香得酣畅。

在皖北，一户农家，一冬天若有十几公斤粉丝，就不用发愁了。故而，有"粉丝上楼（码成一层层），今冬不愁"之说。

近些年，乡间做粉丝的人越来越少了。因为很麻烦，且很冻手，通常几天做下来，手就冻得像两只气蛤蟆。现在的乡下人也不差两竿子粉丝钱，可是，想吃到地道的红薯粉丝，就难了。而且，现在市面上所售的粉丝，很少有纯正的红薯粉，且多半是被硫黄熏过的，白亮好看，可是对身体无益。

不过我在宿州一家名叫天下第一粉的小餐馆里，再次吃到了地道的粉丝。点一份粉丝，还没有吃，便已经香味扑鼻。等到吃到嘴里，那滑溜溜的口感，便让人瞬间穿越到童年，满满的都是回忆的味道。

砂锅粉丝

千树万树梨花开，
砀山酥梨甜味来

品　　名：砀山酥梨
地　　址：宿州市各大超市水果区
推荐指数：★★★★★

每年三四月份，是宿州市砀山县最美的季节。一年一度的梨花节，雪白的梨花便铺天盖地，把砀山的山水打扮得非常漂亮。

砀山酥梨是中国梨类果品中最好吃的，因其"果实硕大，色黄皮薄，多汁多肉，甘甜酥脆"的特点而名扬天下。我吃过砀山酥梨，果肉细腻，汁水甜润，与其他地方所产的梨子相比，口感更好，果然是不同凡响。这种梨在宿州市各大超市都可以买到。

砀山酥梨不只可以生吃，还可以做成梨汤。熬一锅砀山酥梨汤，甘甜可口，比任何饮料都要爽口。而且这个梨汤还有奇佳的效果，可以润肺止咳，也算得上是一道养生汤呢。

有时候我就想，为什么同在安徽省境内，砀山的酥梨却格外脆甜呢？

酥梨熬制的汤

　　这就要提一下砀山县的地貌。砀山县位于安徽省的最北端，紧挨着萧县。而且最有意思的是，虽然名为砀山，但县城境内并没有山。这里的老人们不知是不是因为从小就吃砀山酥梨的缘故，寿命都很长，因此被称为"中国长寿之乡"。

　　千万不要以为这是开玩笑，事实上，砀山酥梨含有糖分、矿物质、有机酸和多种维生素，营养极为丰富，的确有健康益寿的功效。加上酥梨果肉洁白、酥脆、汁多、口味浓甜，让人吃多少也不厌倦，所以人们都很爱吃。

　　砀山酥梨是砀山的一个地方品种，在很早之前，它就在砀山一带种植。齐白石的祖籍是砀山，有时候我就会想，齐白石的画作那么灵动飘逸，带有灵气，莫不是酥梨的水润滋润着他的祖辈们，然后把智慧遗传给他的。

　　以前，砀山酥梨只能在果子成熟的季节吃，因为没有保鲜技术。现在不同了，水果保鲜技术非常高明，所以砀山酥梨可以保存到第二年水果上市，也就是说，人们一年四季都可以吃到砀山酥梨。后来全国人民都能一年四季吃到砀山酥梨。现在，砀山酥梨已经走出国门，打开了国际贸易市场。也就是说，在国外想要一年四季都吃到砀山酥梨，也不是件难事。

乾隆今何在，
撒汤美味存

店　　名：大众包子
地　　址：宿州市埇桥区百惠园电视台西侧
推荐指数：★ ★ ★ ☆ ☆

有一年，母亲患了肺病，严重到卧床不起。在徐州住院期间，她经常念叨想喝撒汤。于是我们便赶回砀山去买。撒汤是一种需要趁热吃的美食，砀山距离徐州有两个小时的路程，于是只能将买好的撒汤装进保温盒，马不停蹄地赶回徐州。等送到母亲手里，撒汤还烫乎乎的呢。虽然病痛难忍，但母亲每喝一口撒汤都会露出笑容来。她这个笑容足以将所有的疲乏一扫而空。

母亲之所以这么爱喝撒汤，是因为这是砀山县一道有名的传统美食。尽管这只是一道简单的菜品，但只要吃过它的人都会被它的美味所迷，赞不绝口，母亲也不例外。

砀山的很多汉族人都爱喝撒汤，但事实上，撒汤是一道回民菜。因此，在砀山县城里制作售卖撒汤的餐馆，老板大多数是回民。

撒汤是由硕大山羊的脊椎架子做主料，配上小麦仁，再加上葱、姜、蒜、胡椒面、大小茴香以及其他多种调味品制作而成，味道非常香醇。

到了砀山县，是一定要来一碗撒汤的。即使你不知道有撒汤这道美食也不用担心，你的砀山朋友和亲戚一定会拉着你去吃一碗。如果你只是个过客，那么你所乘坐的出租车司机，还有下榻旅馆的老板，也一定会告诉你，去尝尝撒汤吧。因为他们酷爱撒汤，无撒汤不欢。而且他们觉得，不吃一碗撒汤，就不算来过砀山。

随着砀山县人在县城外的发展增多，撒汤也走出了砀山县。它跟随主人去往市区，去往四面八方，只要有砀山人的地方，就能看到撒汤的身影。在宿州市区里，有一家名叫大众包子的早餐店，撒汤口味就很正宗。除了撒汤，这里还有水煎包、酸辣粉等多种早点，但我觉得最美味的还是撒汤。

一锅汤在文火上熬着，无论你什么时候喝，都是热乎乎的，非常香浓。喝汤的时候，要配上香油、胡椒粉、醋等调味品，再搭配水煎包。一口水煎包吃下去，再喝一口香香浓浓的撒汤，让汤味在舌尖翻滚，让味蕾享尽美味。

一边喝撒汤，一边听撒汤的来历，是最有趣的事情。相传，撒汤和乾隆皇帝颇有渊源。乾隆年间，乾隆皇帝去安徽微服私访，路过砀山县，在一家客店投宿。店老板娘炖了一锅羊汤，恰好店铺院子里晒着小麦仁，于是乾隆皇帝便吩咐放一把小麦仁到汤锅里。

等汤熟了，乾隆皇帝喝了一口，感觉异常美味。便问老板娘汤叫什么名字。老板娘心想，本来是羊汤，但你让放进了小麦仁，我也不知道该叫什么汤了。于是随口嘟囔了一句"啥汤"。因老板娘声音小，偏偏又是地方方言，乾隆皇帝一时听成了"撒汤"。于是亲笔题字，从此撒汤便名扬天下了。

　　时至今日，乾隆皇帝早已不在人世，但撒汤依然存在于砀山县人们的生活里。

撒汤

撒汤与水煎包搭配是最地道的砀山美味

砀山水煎包香味醇

店　　名：老王特味辣汤煎包店
地　　址：宿州市埇桥区浍水路金童幼儿园旁
推荐指数：★ ★ ★ ★ ★

在砀山，有一种美味的面食——水煎包。旧时，砀山人饿了，就会买一份撒汤，再来几个煎包。吃一口包子，喝口撒汤，小日子很滋润。虽然现在砀山县的美食品种多了，但人们依然对煎包青睐有加。现在人们把煎包也带到了宿州市区，在市里也能吃到砀山煎包了。

煎包分水煎包和生煎包两种。它们的外形差不多，都是扁圆状，煎得两面金黄，在盘子里黄澄澄的，非常漂亮，让人很有食欲。

水煎包和生煎包的区别在于馅儿和外皮。生煎包是纯肉馅儿，口感非常浓香。而水煎包的外皮是一层薄薄的面粉水做成的薄衣，在馅儿里还加入了河虾仁和瑶柱。

比起生煎包的醇厚浓香，水煎包的口感更加鲜美爽口。因此比起生煎包，水煎包更受人喜爱。

砀山的煎包和北方的水煎饺在外形和做法上差不多，

制作水煎包

金黄色的水煎包

都是和面醒好，再把馅儿调配好，然后擀开面皮，包上馅儿后做成大圆饺子状，然后均匀地摆在平底鏊子里，再用油煎熟，如果是水煎包的话，就会多一道工序，在水煎包快熟的时候，倒入白面和清水兑好的面汤水，再用文火煎熟就可以了。

虽然外形一样和做法都一样，但砀山水煎包和北方的水煎饺依然是不同的。它们的区别在于面粉。水煎饺是死面的，面皮薄薄的，很筋道。而砀山水煎包的面粉使用了天然酵母，再加入少许食用碱面，膨胀发透后制作而成。这样做的水煎包，与水煎饺的筋道有力是截然不同的口感。

在埇桥区的金童幼儿园旁边，一家名为老王特味辣汤煎包店做出来的煎包，在吃法上进行了创新改良。他家加入了辣汤，因此名为"特味辣汤煎包"。所谓辣汤煎包，就是辣汤配煎包。

辣汤，是用胡椒面做出来的一种汤，口味比较咸，与河南的胡辣汤非常相似。吃起来大汗淋漓，非常过瘾。

用这么爽口的辣汤配煎包一起吃，在胡辣咸重的香味里，掺入煎包的浓郁脆香，口味别具一格，让人吃了还想再吃。

砀山一绝羊头肉

店　　名：羊头宴
地　　址：宿州市埇桥区银河一路 518 号（法院正对面）
电　　话：13345573333
推荐指数：★★★★★

如果你要问砀山县人什么美食是砀山美食一绝，他们一定会异口同声地告诉你：是砀山羊头肉。尤其是对那些在外地工作和生活的砀山人，你是不能在他们面前提到砀山羊头肉的，因为他们只要想想，都会馋得慌。

餐桌上的鸡鸭鱼肉，根本勾不起砀山人的食欲。但倘若是替换成砀山羊头肉，他们就会胃口大开，顿顿吃都不会腻。由此可见，砀山羊头肉在砀山人的饮食中占据着多么重要的位置，因此称它为砀山一绝是毫不夸张的。

在砀城 310 国道旁有回民羊头肉店面。每到夏天砀城的很多主要路段都有摆摊卖羊头肉的，只要你到了砀山，就可以吃到美味的卤羊头。一次我们去砀山探亲，来到一家路边的回民卤羊头摊点，点了一盘切大块的卤羊头、羊肚、包在羊肚里的羊脑，还有羊红肠，再配上一盘水饺，那滋味让人回味无穷。

虽然说在外地吃不到正宗的羊头肉，但在宿州市区里能吃得到。宿州市有很多家卖羊头肉的饭店，但最气派的要数羊头宴这家饭店了。这家饭店的老板是砀山的回民，羊肉全部来自砀山，而且都是平原上散养的山羊，肉质鲜嫩。

凉拌羊头肉

卖羊头肉的摊点

白水羊头

　　可能是因为砀山县的回民较多的缘故，所以羊肉的吃法在砀山县有很多种。聪明的砀山回民把羊肉发明创制成各种各样的美食，红焖、炒炖、烧烤、做汤，吃法真是五花八门。

　　砀山人从不糟蹋羊身上的每一样东西，无论是羊头肉、羊脑子、羊盘肠，还是其他羊杂碎，都可以做成一道道的人间美味。尤其是羊头肉，更是深受那些美食制作者们的喜爱，他们用羊头肉可以做出各种风格和口味的菜肴，羊头宴店就是最好的例证之一。

　　羊头肉可炖、可烧、可卤，其中卤羊头肉最美味可口。一只羊头盛放在大盘里，一把锋利的小刀嗖嗖几下，羊头肉就与骨头分离开。经慢火精心卤制后羊头肉就可以开吃了。卤羊头的材料配方独特，羊肉鲜嫩，夹一块放进嘴里，不膻不腥，香软可口，让味蕾享尽美味。

　　一顿羊头肉吃下来，所有的疲乏困倦都会被美味化解得荡然无存。

扦子，萧县人宴席上的必备菜肴

店　　名：开心餐馆
地　　址：宿州市萧县西关
电　　话：15255769899
推荐指数：★★★★★

与砀山紧邻的萧县，传统的地方美食同样有很多。在这些美食中，有一道菜让萧县人念念不忘。这道菜有一个奇怪的名字：扦子。不知道的人会以为是以前那些石匠们打石头用的工具，但事实上这是一道菜。它还有一个学名：让菜。

就好像四川人一有宴席，就少不了九大碗一样，萧县人每到逢年过节或是婚丧嫁娶都会大摆宴席，而宴席上，扦子是必不可少的菜肴。它和另一道名叫"花鸡"的菜是萧县酒席上的姐妹花，无论少了哪一道，这道席面都不能称为席。扦子在萧县饮食中的重要地位，由此也可见一斑。

扦子其实就是肉蛋卷，把猪肉或牛肉剁碎，加配料拌好，鸡蛋摊成饼状，包裹肉馅，上笼蒸制即成。想要吃到地道的扦子，当然最好是去萧县当地人的家里做客，或是参加他们的婚嫁酒宴。这一点，如果在萧县有亲戚朋友的话，自然是有很多机会的。不过，如果是过路的游客，也可以在各家餐馆里吃到。

萧县西关有一家开心餐馆，他家不但有味道正宗的㧟子，还可以提供外卖。所以说，想要品尝到㧟子的美味，距离和空间已经不再是问题。

在餐馆里坐下来，点一份㧟子，很快老板就会把㧟子端上来。只见㧟子呈四指长两指宽的长方形条状，与其他炖菜混在一起装在盘子里，蛋皮被油光反衬得更加油光发亮，空气中泛着阵阵香气，让人忍不住垂涎欲滴。

迫不及待地夹起一块放到嘴里面，一股肉馅儿便在舌尖打滚，让味蕾尽情体验肉馅儿的细嫩，以及蛋皮的香滑柔软。一块㧟子咽下去，你会情不自禁地伸筷去夹第二块、第三块……总之让人停不下箸就是了。

㧟子一定不要冷冻保存，否则的话，它会在加热后变成碎渣，这样就无法把它送入口中了。所以想要吃到美味的㧟子，一定要注意这一点。

㧟子

卷面皮，辣的不辣的

店　　名：红梅面皮
地　　址：宿州市萧县龙城镇天地网吧对面
推荐指数：★ ★ ★ ★ ★

在宿州市萧县的街头巷尾，总是能听到一声声响亮清脆的吆喝：面皮，辣的不辣的。一声声不绝于耳，而吆喝声里的面皮，就是萧县的名小吃——卷面皮。

听到这吆喝声，周围店铺里的员工就会跑出来，路边的过路人也会停下来，他们直奔卖面皮的小贩，买一份或是两份。店员们回到店铺里便迫不及待地吃起来，即使辣得张嘴"嘶哈"，依然停不下箸。过路客则会加快回家的步伐，好快一点和家人分享卷面皮的美味。

萧县卷面皮其实就是全国各地都能看到的凉皮，只不过它颠覆了凉皮的传统吃法。一起颠覆凉皮传统吃法，进行创新的还有河南濮阳的裹凉皮和宁夏大武口的卷凉皮。

相传发明和研创卷面皮新吃法的是一位四五十岁的中

年妇人，她很早之前就卖面皮，但那时候不卷着吃，只是像平常那样凉拌着吃，这种吃法很大众化，所以销量也不高。后来她尝试着把面皮摊开，卷上各色配菜，有点像贵州那边的丝娃娃的吃法。

这种吃法一问世，就受到萧县食客们的喜爱。大家争相购买，纷纷夸赞好吃。从此，卷面皮便成了萧县街头巷尾一道最受人喜爱的美食。无论人们是在逛街还是在赶去办事的路上，只要看到卷面皮，就会买一份。

萧县县城中心龙城镇有一家深受食客青睐的面皮店，名叫红梅面皮，她家的面皮辣得非常有味，充分地满足了食客们的味蕾需求。

一口就能咬到馅

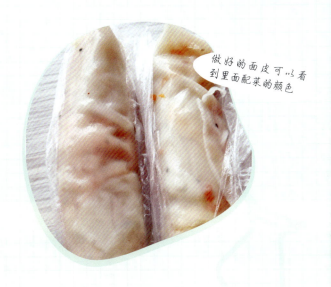

做好的面皮可以看到里面配菜的颜色

　　走进店里，老板会热情地询问你要辣的还是不辣的，来几份。得到确切答案后，她就会麻利地把面皮端上来。卷面皮里的配菜真是丰富啊！面筋、榨菜、黄瓜丝、海带片、豆芽、菠菜、胡萝卜丝等。卷好后放进嘴里慢慢咀嚼，各种蔬菜的香味便充盈在口腔里面的每一个角落，面筋的面香、榨菜的咸香、黄瓜的清香、胡萝卜的脆香，各种香味混在一起，口感独特，让人口齿留香。

让人欲罢不能的爆米花糖

品　　名：爆米花糖
地　　址：宿州市萧县街边小摊
推荐指数：★★★★★

用来做爆米花糖的原料

　　只要是在萧县逗留过的人，一定在街边小摊上看到过爆米花糖，看到的话，建议你一定要买一份尝尝鲜，因为这是萧县人最爱吃的小零食之一。爆米花糖对于萧县人来说，就像瓜子之于北方人，胡豆之于四川人。之所以这样说，是因为这种爆米花糖是萧县逢年过节时各家各户必不可缺的零食。

　　一进入腊月，萧县人就会为年货忙碌起来，在众多的年货中，爆米花糖是必备的。每家都会做些爆米花糖放起来，不会做的人家就会去买一些回家，等到过年的时候分发给小孩子们吃。

　　爆米花糖做起来并不费事，先把米粒爆开，也就是我们常说的爆米花。萧县人爆米花用的是比较传统的方式，把米粒倒入通体黑色的铁桶内，然后放火上加热，一段时

爆米花糖

间后打开口，听到"砰"的一声巨响，一阵白色浓烟过后，爆米花就做成了。接着，把糖放在大锅里用油熬化，再倒进爆好的米花拌均匀，并摊平切块，晾凉后就成了爆米花糖。吃的时候，捏起一小块来，放在嘴里轻轻一咬，爆米花糖就会发出清脆的断裂声，对于喜欢酥脆口感的人来说，这种清脆声让人心生愉悦。等爆米花糖在嘴里化开，一股甘甜便在舌尖荡漾开来，非常可口。

爆米花糖所用的米粒种类很多，可以是大米，也可以是小米，甚至可以是黑米。各种米爆出来的都称为爆米花，只不过颜色和口感各不相同，大米的是晶莹的白，小米的是明艳的黄，而黑米则如黑珍珠一般，非常有质感。无论是哪种颜色，都会勾起人的食欲来。一份完美的爆米花糖，是色香味俱全的。想要吃哪种口味，你随便挑就是。

咬下一小粒爆米花糖放进嘴里，一股香甜便在舌尖弥漫开来，不咀嚼，就任由它在嘴里慢慢化掉，留下那股香甜与舌尖纠缠。你也可以掰一块放进嘴里，一种与众不同的脆感便溢满口腔，让人欲罢不能。

古沟回族乡

高皇镇

祁集镇

平圩镇

小顾牛肉汤馆

吃吃地笑

八公山镇

淮南西站

玉柱楼豆腐馆

淮南联合大学

三和乡

聚红盛大救驾

杨公镇

九龙乡

曹庵镇

窑口乡

Part 7
八公山下的美食王国

　　淮南王的"江山"虽未如愿，但他在另一片国度里戴上了自己的桂冠，那就是"美食国度"。八公山下雨后初霁，淮河岸边风光旖旎，都掩不住淮南美食的风流。

一碗汤，知淮南

店　　名：小顾牛肉汤馆
地　　址：淮南市田家庵区舜耕西路（近裕安小区）
推荐指数：★ ★ ★ ★ ★

淮南，一定要喝牛肉汤。想要喝到原汁原味的牛肉汤，就要去小顾牛肉汤馆，只要在他家喝过牛肉汤的人，都觉得他家的牛肉汤汤浓肉鲜，非常美味。

其实，淮南有很多牛肉馆，这是因为在江淮之间是黄牛的主产区，这里的黄牛，多在田畴之间耕田，不若江南水牛的悠闲，在中国画里，水牛只供牧童吹管。这里的黄牛，刚刚长大就要下田，跟着老牛一起拉犁。当然了，这是在以前，耕种机械化以后，如今的黄牛，多半失去了劳动功能，转而成了肉牛。肉牛，简而言之，因肉而活的老黄牛。没办法，黄牛就是这样一代代贡献青春，贡献力量，也贡献自己。

数百年来，淮南人的早间，都是被一碗牛肉汤给填满的。淮南人的创造力也离不开一碗牛肉汤，他们有一股子干事创业的牛脾气，全靠着这样一碗牛肉汤的能量鼓舞。

　　我到淮南是在一个早间，满大街的牛肉汤锅都冒着热气。谈笑风生的淮南人，晨练后的第一件事，就是到小顾牛肉汤馆里去喝一碗牛肉汤。走进店里坐定，慢条斯理地喝着牛肉汤。大牛骨熬制出来的汤，汤汁浓郁，牛肉鲜嫩，肉的纹理纤毫毕现。事先泡了水的粉丝，在沸腾熬煮的大锅里翻了几个滚儿，就被捞出来，放在青瓷碗里，放上一两牛肉，浇汤，撒上小香葱，滴上油泼辣子，汤未上桌，你就闻到它沁人心脾的香味了。粉丝丝丝缕缕地走进口唇之间，嘴边念念有词："这粉丝筋道！""这牛肉香！""今儿这汤不错！"

淮南牛肉汤

　　牛肉汤虽香，不过单单是喝牛肉汤，难以挡饱。这时候，就要配上几张死面饼子。擀制这种饼子，要粗壮有力的淮南汉子，把"孔武之力"都盘到这样一团团面里，然后擀成两三毫米厚度的一张张饼子，上锅屉一蒸，即可食用。这样的饼子，吃起来特别有嚼劲，面粉的香，原汁原味地展现出来，甚至可以吃出大平原上金黄色的风声。

　　我第一次喝这样的牛肉汤，配着这样的死面饼子，坐在淮南汹涌人潮边的街头，窗外，一棵桂树开得黄灿灿的，香味肆意；口中，嚼着这片土地上浓郁的丰收味道，甭提多美！

　　是的，喝着牛肉汤，吃着死面饼子，满目的油泼辣子，加之点缀其间的小香葱，生活就是这样美滋滋的，乐不可支。牛，行走在江淮之间；饼子，来自平畴沃野的皖北平原，这是一方土地对人的供奉，我们吃着这样的美味，怎能不心生美好呢？

　　一碗汤，知淮南。

汤里的牛肉很鲜嫩

一份豆腐一桌宴

店　　名：玉柱楼豆腐馆
地　　址：淮南市八公山区南塘公学南 20 米
电　　话：0554-5619888
推荐指数：★★★★★

八公山，位于安徽省淮南市和六安寿县的交界处，一山挟两市，地理位置优越，在古代就是兵家必争之地。汉朝时，淮南刘安来到这里，大募通晓方术之人，后得八公：苏飞、李尚、左吴、田由、雷被、毛被、伍被、晋昌，在此炼制长生丹药。这段史实，被郦道元记述了下来。

所谓豆腐，也就是刘安在炼丹的时候偶然发明的美食。一次，刘安正召集众人炫耀自己的丹药之妙，不料，配制丹药所用的石膏倒了，偏偏落入一桶豆浆里，巧合的是，石膏入了豆浆，不多时就结成了块。这就是豆腐的最初由来。后来，豆腐经过刘安的不断改良，用八公山泉水、江淮大地上的黄豆等道地风物来制作，白而嫩滑，吃起来豆香扑鼻，晶莹剔透、白似玉板、嫩若凝脂、质地细腻，很得王公贵族和平民百姓的喜爱。

对于刘安发明豆腐一事，宋代朱熹曾作诗评价："种豆豆苗稀，力竭心已腐。早知淮南术，安坐获帛布。"这首诗巧妙夸赞淮南子的聪明，也足见朱熹对刘安发明豆腐这一壮举的高度评价。

陶谷在《清异录》里这样评价豆腐："日市（淮南）豆腐数个，邑人呼豆腐为小宰羊。"羊肉，那时候可是至高无上的美食，豆腐以羊而比，其珍贵和受欢迎程度可见一斑。

前几年去淮南，恰值淮南承办豆腐节，有机会品尝了一桌豆腐宴，真可谓开了眼界。

当时是在一家名叫玉柱楼豆腐馆的餐馆里，朋友点了豆腐宴，据说这家店的菜味道极好，所以十分有名，听着朋友的描述，我的馋虫早已被勾了出来。等菜上来，烩、烧、炸、炖、煮、凉拌，一应俱全，赏心悦目。一份豆腐，

豆腐泡在高汤里，滋味甚足

烧豆腐

豆腐和玉米搭配更美味

在我们当地，也就是做豆腐脑，再有就是吃地锅豆腐，没想到在淮南，竟给做出来这么多名目，让人目不暇接。一大桌子的豆腐宴，每一样夹起来两筷子，就吃撑了。

豆腐宴吃毕，去浏览豆类产品交易市场，还有诸多惊喜，譬如各类豆干，烧烤味、麻辣味、西域风情、内陆味道，名目繁多，不光能让你吃得开心，还能让你临走的时候带一些，与亲戚朋友分享。

感谢淮南，感谢豆腐宴。

瓦埠湖银鱼，
餐桌上的贡品

品　　名：银鱼
地　　址：淮南市寿县城东南瓦埠湖风景区
推荐指数：★ ★ ★ ★ ★

瓦埠湖，波光浩渺，沙鸥翔集，是安徽省淮河流域最大的湖泊，位于寿县城东南，全长 60 千米，水面最宽 6 000 米，何其壮观。这片湖泊里，产有一种银鱼，细长匀称，光滑透明，周身洁白如银，好似银簪一般，穿梭在瓦埠湖的万顷碧波深处。杜甫有诗云："白小群分命，天然二寸鱼。"白小，就是银鱼的别称，自古以来，银鱼都是文人雅士争相食之的美味佳肴。在清代，从瓦埠湖里走出来的银鱼曾经作为贡品，供宫廷

银鱼粥

深处的嫔妃享用，如此湖鲜，着实不可多得。

　　银鱼是所有鱼类中的异类，通体透明，看不到鱼鳞，身体温软，很像是古时候初出茅庐的有学之士，不经世事，简单抱朴。很多貌美的女子都喜欢这样的人，同样，他们也喜欢和这种人有着相似之处的银鱼。我曾见过一个旅游宣传片，一身穿汉服的女子，手持一碗银鱼粥，吃出风月无边，吃出春风浩荡，镜头拉远了，是宽广的水面和无尽的水草。由此可见，女子食银鱼，实为雅极之事。

炸银鱼

新鲜的银鱼

　　我曾在瓦埠湖风景区吃过一碗银鱼粥，所用银鱼都来自瓦埠湖，粥浓稠酣畅，里面还放了淀粉、豆腐皮、海带等。再加上银鱼干的鲜美和蛋花的清香，味道之美，让人惊呼"此粥只应天上有"。

　　银鱼似乎天生就与鸡蛋有着不解之缘，与鸡蛋在一起炒，也很美味。准备土鸡蛋三五枚，银鱼一把，少许生油，然后泼蛋，撒鱼，这一整套动作，透着美，浸润着诗情，吃起来，自然是美味至极，鲜气直逼脑瓜顶。银鱼蒸蛋也不错，蛋花嫩嫩的，银鱼在上面浮起一层白，带出了美食的层次感，深得老人孩子的喜欢。

　　很多人也喜欢吃软炸银鱼，把银鱼与面粉、五香粉放在一起，用蛋清来和面，调成糊状，包裹住银鱼，稍事烹炸，鲜味满屋飘散，食之，外软糯，里脆爽，两重天地，多重味道。

　　银鱼之美，美到让人不由得去触碰。有时候，我想起它的时候，总感觉瓦埠湖的万顷碧波在我的脑海里哗啦啦地流淌。

银鱼炒鸡蛋

一份救了赵匡胤的美食

店　　名：聚红盛大救驾
地　　址：六安市寿县北大街附近
推荐指数：★★★★★

[icons]

　　一份糕点，原本是民间的吃食，奈何与皇帝扯上关系？然而，事情却真真实实地发生了。

　　后周时期，柴荣攻打淮南时，大将赵匡胤先行攻打寿县（古称南唐）。当时，南唐的守军负隅顽抗，经过了九个月的攻城，终于把南唐拿下。但是，由于连月征战，赵匡胤病倒了，先是昏迷，醒来后一直没有胃口。这下子，可吓坏了手下的兵卒，人是铁饭是钢，何况是舞枪弄棒的将军？后来，手下人找了很多名厨，都没有让赵匡胤张口，最后，南唐城中走出来一位老者，他来到兵营，亲手为赵匡胤制作了一款点心，赵匡胤一嗅到香味，立时就来了精神，连吃了数枚仍意犹未尽。再后来，赵匡胤做了大宋皇帝，回首往事，谈及攻打南唐一事，感慨道："那次鞍马之劳，战后之疾，多亏它从中救驾呢。"众人皆知，皇帝所言的"它"就是指当年救了皇帝命的糕点，后来，这款糕点就被命名为"大救驾"。

也许你觉得在中国的许多地方都听过类似的故事。一种美食救了一位英雄人物的命，或是帮他解了围，于是，两者就被杜撰出了千丝万缕的关系。而大救驾绝不是凭空而来的，而是有坚强的史料支撑的，况且，单凭大救驾的美味，就足以撼倒一切质疑的声音。

我去寿县的时候，在北大街附近的聚红盛大救驾糕点铺买过大救驾，外层一圈圈的油酥，像极了故乡万亩花田里的芍药花。吃到嘴里，油脂和面的香，盈盈的香气，如在味蕾上开出来一朵朵花。这感觉，曾一度让我想起皖北故乡人家办喜事的时候，媒人手中所拎着的"馃子"（一种含糖量极高的糕点），两者均有着酥脆的外皮，也都有着香甜可口的馅料。

中国是一个面食大国，甜品又是面食的绝佳表现形式，一般情况下，面食加糖一出场，就是喜事。难怪大救驾救得了赵匡胤的圣驾。

大救驾，适合在寿县城中，望着老城墙发呆时吃一枚，也适合盒装带回家送给朋友，毕竟是"大救驾"嘛，人们凡事都喜欢讨个好彩头，吃一枚"大救驾"，生活就此无烦忧。

金黄酥脆的大救驾

精明遇见憨厚，
土鸡遇上猪蹄

店　　名：吃吃地笑
地　　址：淮南市田家庵区水厂路二十三中对面
推荐指数：★ ★ ★ ★ ★

初冬的一天，在淮南市田家庵区水厂路二十三中对面的一家名叫吃吃地笑的店里，我有幸吃到了这样一种憨厚遇见精明的菜肴，那就是老母鸡炖猪蹄。

这是一对中年夫妻开的店，男的老实巴交，女的做生意倒是一把好手，迎来送往，把整个店面打理得井井有条。男人则默默地洗着碗，配着菜，闲下来的时候，还擦擦桌子，或者坐在店外面的板凳上，抽一根烟，玩着吐烟圈的游戏。

老实说，他们家的老母鸡炖猪蹄真的没得说，老母鸡是土鸡，老板娘说，再便宜的养殖鸡她也不要，不能自砸招牌，猪蹄也要亲自去挑，绝不使用冷冻厂里处理的那种。除此之外，里面还要放一些黄豆，滋补美味，还能消解鸡肉和猪蹄的腻。

母鸡炖猪蹄

　　等到老母鸡炖猪蹄端上桌来，一股浓郁的香气便钻进鼻孔，在瞬间勾起馋虫。先喝一口汤，这种鸡肉汤和猪蹄汤混合型汤口分外醇香。徐徐咽下，也就打开了味蕾，这时再吃鸡肉和猪蹄，慢慢细品鸡肉的鲜美和猪蹄的筋道。

　　这绝对是一道精心搭配的菜肴，鸡汤滋补，黄豆补肾，猪蹄含有丰富的胶原蛋白，养颜美容，真可谓老少皆宜，男女"通吃"。这样的美味，诞生在江淮之间的淮南，也算是在徽菜中取了中庸之道了，占尽了徽菜的大美。

　　我坐在人潮涌动的店里，看老板娘熟练地烹饪这道菜，动作十分麻利，在一旁切葱姜的男人，稍显笨拙，但配合十分默契。铁锅烧出了青烟，油泼进去，葱姜爆炒，吱吱啦啦，锅铲与铁锅正演奏着一场美妙的交响乐，继而，可闻香味扑鼻，来自土鸡，来自猪蹄，来自八角，来自桂皮，来自辛夷花……

　　餐馆，有时就是缩略版的社会，老板是五味杂陈的制造者，食客是苦辣酸甜的消费者，从店面门前走过的是旁观者，人散后，一弯新月亮如水，收拾店面的两口子，是一切残羹冷炙的收局者。

　　谁说鸡肉非要和羊脑在一起才算是强强联合？谁说猪肉和猪血才算是黄金搭档？在人生的餐馆里，没有人会了然别人的幸福，就像是我们无法揣摩别人故事的渊源，有幸见证就已经足够了，何必非要在别人的胃口里弄出个所以然来？我们能做的是，菜上桌了，安享当下的美味，就像眼前这份老母鸡炖猪蹄。

奶白色的汤看起来更滋补

银湖公园

徽菜馆（龙凤店）

汀棠公园

四季春大酒店　　芜湖站　　　神山

皖南医学院

耿福兴（凤凰美食街店）

芜湖味道

美味斋老奶奶牛肉面

老濮家凉粉

荆山镇

安徽师范大学

Part 8

芜湖街巷的小资吃食

这是一座现代城市，也是一座小资之城。小滋小味，小吃点心，沿江美食，在这里汇聚。为什么这里的人这样温柔？全因江水放缓了脚步。

四季春小笼包

店　　名：四季春大酒店
地　　址：芜湖市镜湖区凤凰美食街 1 号（皖南医
　　　　　学院旁边）
电　　话：0553-3879788
推荐指数：★★★★★

蒸熟了的小笼
包香气诱人

也许是滚滚向前的长江水滋润了芜湖这座城市，以至于芜湖的小吃也有了水嫩的气息，譬如小笼包。在别的地方吃的许多小笼包，大都外围干巴巴的，像是一个长期熬夜提不起精神的疲惫之人，芜湖有家四季春大酒店，截然不同的是，这家的小笼包水润透亮，像是小姑娘脸上敷的面膜，看上去就让人喜欢。

在诗意的早间，芜湖人从江边漫步回来，肚子空了，也需要找个地方休息，吃一笼小笼包无疑是最好的选择。小笼包汤汁浓郁，皮薄馅儿大，吃一份，能补充体力，一笼吃完，再喝一碗南瓜粥，精神饱满地开启一天的工作。

标准的十八个褶，体现出小笼包的精致，用筷子夹起来，从包子中央咬一个小口，吹凉，吸走包子中的汤汁，然后把整个包子吃掉。吃小笼包，切忌急躁，不然，有烫

在蒸屉上摆放整齐的小笼包

破嘴唇的危险，油汤散热最慢，沾在嘴巴上，就是一个大大的水泡，有碍观瞻且不说，那份疼是一般人受不了的。

小笼包的制作，一定离不开猪腿肉，肥瘦相间，味道更胜一筹。猪腿肉剁碎，零零星星放一些姜末、小葱，甚至还可以放一些油渣，这种与众不同的做法，别地少见，这也许就是特色了。

在芜湖吃小笼包，也见有配赤豆粥的，赤豆粥可以消解小笼包的些许油腻，能让人多吃一笼包子，这是店家的策略，不仅开胃，而且可以增加小笼包的销量。

吃食，凝结着一个地方的乡愁，小笼包更是聚拢乡愁的美食。据说，许多从芜湖走出去的人，想起故乡，一定忘不了小笼包，就连赵薇每次回芜湖，也会央人去四季春大酒店买一份小笼包，身回故乡，也顺带着提醒胃口：我回来了，好久不见。

非亲尝不能捉摸的油酥饼

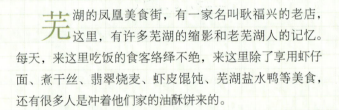

虾仔面

店　　名：耿福兴（凤凰美食街店）
地　　址：芜湖市镜湖区凤凰美食街 10 号
电　　话：0553-3845577
推荐指数：★★★★☆

芜湖的凤凰美食街，有一家名叫耿福兴的老店，这里，有许多芜湖的缩影和老芜湖人的记忆。每天，来这里吃饭的食客络绎不绝，来这里除了享用虾仔面、煮干丝、翡翠烧麦、虾皮馄饨、芜湖盐水鸭等美食，还有很多人是冲着他们家的油酥饼来的。

耿福兴的油酥饼，用香油和面，经过烤制后，分外香浓。这种油酥饼外皮酥脆，瓤儿松软，无论是外皮还是内瓤，都不敢让人触碰，仿佛一碰就会酥散掉。因此，人们吃油酥饼时，都是快速拿捏起，然后迅速放进嘴里。

油酥饼吃起来外焦里嫩，香甜细腻，让人忍不住赞叹美味。茶余饭后来一只，一手握饼，一手放在饼下，以防饼渣掉下来，味道之香，非亲尝不能捉摸。

来这里吃饭的人，有许多还未上菜，先叫几个油酥饼来吃的，餐前吃可以开胃，餐后吃可以殷实肠胃，满口喷

油酥饼

香。可以说，只要是吃过这里的油酥饼，出门跟熟人一打招呼，别人就知道你一定是在耿福兴吃了油酥饼，味道香得个性十足，辐射面积之广令人难以置信。

香味，是美食的基因，也是美食区别地域的特有印记，一种美食品牌成功与否，关键要看是否有特色。当把你的菜品带出店外时，看别人能否一口猜出是你家的，若是，你就成功了，若非，那你还有很长一段路要走。

耿福兴的美食算是走出了这条路，而这其中，油酥饼的功劳最大。

当然，他家其他的菜品也很有当地特色。芜湖盐水鸭咸咸香香，口感非常醇厚，与北京的烤鸭是截然不同的两种口感。而虾仔面有海鲜的鲜香，又有面食的原香，搭配在一起，相得益彰。舌尖味蕾得到了极大的享受和愉悦。

当然，无论这些美食有多么与众不同，都无法与油酥饼相提并论。因为最受食客们欢迎的，还是油酥饼。

与众不同的老濮家凉粉

店　　名：老濮家凉粉
地　　址：芜湖市镜湖区老东门附近
推荐指数：★ ★ ★ ★ ★

老濮家凉粉，一个平常得不能再平常的店名，这里，却深藏着与众不同的美味。英雄出自民间嘛，美食也出自民间。

夏日的老濮家凉粉，生意极其繁忙，一条古巷子里，灰灰的店门，简单的门脸，遮不住里面攒动的人群，宽厚的高粱粉，油泼辣子，新鲜的蒜汁，碾碎的花生米，间或撒一些香菜进去，老醋陈香，麻油清逸飘散，这味道，保准你站在门口，会不自觉地踱步进去。

点一碗凉粉，拌匀，然后挑起一根放进嘴里细细咀嚼，任凭高粱粉条在舌尖上翻滚，感受辛辣香和醋酸香混合发酵散发出浓郁的味道。待到调料与高粱凉粉一起滑进喉咙，只留下麻油的醇香在唇齿间荡漾。

凉粉，是这个世界上极好的发明，在夏日食用，可以防暑降温。人一到夏季就没了胃口，不要紧，凉粉就是你最好的选择。

应该说，在夏天，做一个芜湖人是幸福的，因为有老濮家凉粉。慢腾腾地穿着拖鞋，走过树荫，来到老濮家，叫一份凉粉，配上一些开胃的萝卜干，凉粉糯凉，萝卜干爽脆，一口口撩起筷子，吃出别样的风雅和温柔。

我一直觉得，凉粉就是专门为女人发明的吃食。有句话是这样说的："人吃什么，食物就赋予他（她）怎样的性情。"一个女人吃了凉粉，哪怕是再像"女汉子"，也被凄厉的山风收住了冲劲，变得脉脉含情起来。

油泼辣子和小葱赋予了凉粉色彩

刚做出来的凉粉

双桐巷老奶奶牛肉面

店　　名：美味斋老奶奶牛肉面
地　　址：芜湖市镜湖区双桐巷 1—3 号
推荐指数：★★★★★

双桐巷，是有两棵桐树吗？估计是历史的原因，我没有探究。在双桐巷，有一位老奶奶，没有倚门而望，也没有离别的乡愁，只有回味悠长的美味：老奶奶牛肉面。

芜湖，在我的印象中，一直是一座很小资的城市。但在有些方面，它又呈现出自己无比接地气的一面，譬如，在双桐巷的美味斋老奶奶牛肉面店里，一碗牛肉面能让人吃出家常味道。

牛肉面，芜湖老字号的面食小吃，据说最初只要几元钱一碗，现在涨到 18 元左右了。来到芜湖搜罗美食，当然不能错过。

几片牛肉覆盖在面条上，面条则匀溜地躺在高汤里，小香葱撒了一小撮，味道鲜美，让人大快朵颐。

　　若不是真真切切地去了双桐巷，我肯定会错过这样一份地道的美味，也不会知晓它原来是芜湖市的十大知名小吃之一。

　　面好不好吃，全靠汤来提味。老奶奶牛肉面的汤汁浓郁，面入浓汤，浸染了汤的酣畅之气，如同一个人生在书香门第，时间久了，说话自然而然也会之乎者也。

　　来老奶奶家吃面的人，很多都会带走一份。面打包是件很麻烦的事情，若非非常好吃，是断然不会有人选择打包带面的。这一次，我发觉这么多人来老奶奶家吃面，足见其味道魅力无穷。

　　如果你路过芜湖，建议你也来试一试。如果你吃过一次，估计还会再来一次，这样还可以重温经典的美感。

　　如果一份还不够的话，可以额外加蛋或者豆干，但都是辣的。牛肉面虽然贵，但牛肉分量挺足的。牛肉香醇鲜嫩，面比较普通，口感也一般，牛肉汤比较鲜，但是最最突出的还是辣，非常辣，吃完后，满嘴最后只剩辣了。

牛肉面

穿过流年泥鳅面

品　　名：泥鳅面
地　　址：芜湖市镜湖区金马门附近
推荐指数：★★★☆☆

初秋，每每走到田里，若有水沟，就常常想起小时候在水沟里抓泥鳅。泥鳅这东西，滑头得很，你明明发现了它，却不一定能擒住它，就算你一只手擒住它了，也不代表你能坚持 5 秒钟，也许很快你就得眼睁睁看它从你的手中"溜走"，因为，泥鳅身上会分泌一种黏液，这种液体是它逃生的秘密武器。

泥鳅不好抓，为什么还有许多人不惜涸泽而渔？只因泥鳅的美味。物以稀为贵，泥鳅因难捉，在许多地方是吃不到的。去年，我到芜湖去，在金马门的一家街边小餐馆里，有幸吃到了一碗泥鳅面，那感觉，真叫一个美味！

小餐馆尽管没有名号，但老板已在这里生活多年。不过，他放不下乡下老家的几亩薄田，每逢秋季，便会回家收割庄稼，餐馆也会关几天门。庄稼收完了，他就会去田里抓泥鳅，泥鳅抓回来，就回到餐馆，把泥鳅泡在水桶里，静待做泥鳅面。

　　所以，常常光顾这家餐馆的老食客都知道，哪天老板关了两天门，就有最正宗的泥鳅面吃了。

　　我见过这家餐馆的老板亲自做泥鳅面。事先被清水浸泡的泥鳅，吐去了些许泥污，然后清洗干净，放到器皿里，打几个鸡蛋，搅拌匀，再倒入菜籽油和红酒，鸡蛋让泥鳅

泥鳅

泥鳅面

肉质更嫩，红酒去腥，菜籽油可以让泥鳅吐出体内剩余的泥污。这时候，泥鳅就彻底被作料给"灌醉"了。烧一锅开水，把泥鳅焯水，捞出来，沥干水分，和红糟、笋丝、姜丝、蒜蓉等配料一起慢火煨制 40 分钟左右，泥鳅汤料就做好了。这时候，再把手擀面煮熟，装碗，把泥鳅汤浇在面上，泥鳅面就新鲜出炉了。

餐馆老板把这样的泥鳅面端在我面前，尝一口，鲜香无比。泥鳅滑嫩，丝毫不腥，面筋道，两者相得益彰，好似一对美食眷侣。最可贵的一点是，由于泥鳅是餐馆老板刚从田里挖出来的，做法又得当，竟然连刺也可以吃，入口即化，吃起来让人忘却了时光。

餐馆老板告诉我，泥鳅被誉为"鱼中人参"，具有滋阴、壮阳、补气血的作用，一定要整条吃，切忌剁成段，那样既破坏了口感，又流失了营养。做法得当的泥鳅面，还有一定的滋补理疗功能，能治疗痔疮、浮肿等疾病，还能补钙，可谓食疗之佳品。

真可谓"一碗泥鳅面，风月无边，匆匆换了流年"呀！

泥鳅好似在面汤里游动

味蕾上鲜活的一团紫

店　　名：芜湖味道
地　　址：芜湖市镜湖区黄山东路张家山领秀城 G4(张家山小吃一条街)
电　　话：0553–3835196
推荐指数：★★★★★

在芜湖的一家名叫芜湖味道的餐馆里，我看到了紫苏这种食材。当时，老板将它凉拌，吃起来清清凉凉的，非常开胃。

紫苏这个名字，听起来像个美少妇，真正见到它，却发现是个面色潮红的"少女"，情窦初开，正是怀春的年纪。于是，血脉偾张，往上走，才有了紫紫的脸庞。

故乡的民间，紫苏很常见，在树林边、沟头上、阡陌旁，在盛夏里长成一团紫，如雨后的红霞。紫苏的个头并不高，叶面却很阔大，中间的颜色稍稍有些金粉色，所以，说它是个待字闺中打扮自己的少女一点也不为过。

第一次接触紫苏是幼年时分，我在田野里嬉戏的时候，被不知名的臭虫叮了一口，奇痒难耐，爷爷就地掐了几片紫苏的叶子揉碎，抹在伤口上，一团紫色覆盖住我的皮肤，一缕清香充斥着我的鼻孔，肌肤之上，凉凉的，如越冰的小蛇往肌肤里钻，那痒瞬间就止住了，浮肿不多时也消了。自此以后，我对这个"紫霞仙子"尤为喜欢，连根挖回家放在盆里养，在墙角，它长成茂密的一片，如火烧云落在了我家院子里。紫苏性温，是很好的中药材。据说，当年是神医华佗发现了紫苏的药用价值。有段时间，华佗在河边散步，见一水獭不停地吞食鱼类，水獭吃鱼不是细嚼慢咽，而是囫囵吞枣，连同鱼鳞一起下肚。不多时，水獭的肚子胀得鼓鼓的，有些消化不良的症状，而每当这时候，水獭就会在岸边吃一些紫苏下肚，不一会儿，就消停了。华佗通过观察，发现每次水獭吃鱼后都会吃一些紫苏，于是，他得出了紫苏温补散寒的药用价值。后来，华佗还把紫苏和鱼一起烹调，做成了味美的紫苏鱼。

其实，紫苏是当今药膳中的常客，在芜湖味道吃凉拌紫苏，即便是深秋，也觉得很舒服。店里还有紫苏粥，能够健胃解脾，还能预防感冒风寒，补充多种维生素，吃来甚好。

这是鲜活在记忆中的一团紫。从遥远的《本草纲目》里走出来，走进民间，走到人们身边，走进很多人心灵的土壤里，萌芽，抽枝，开出铃铛一样的花朵，那是记忆土坡上一只紫色的风铃。

紫苏

酿一只青椒，
热辣岁月

店　　名：徽菜馆（龙凤店）
地　　址：芜湖市镜湖区景观大道
电　　话：13855329612
推荐指数：★★★★★

辣乃百味之首，肉是百食之王。辣椒与肉撞在了一起，两"虎"相争，必有一伤，伤的是谁，食客们的腰包。如此"温柔一刀"，要味道好，食客们才会心甘情愿地慷慨解囊。

明眼人都知道，我这说的是酿青椒。

酿青椒是地道徽菜，在皖地的许多私房菜馆都有。我是在镜湖区景观大道的徽菜馆吃到的，在这家以主营徽菜的餐馆里，酿青椒的食材倒很普通，但它是一道功夫菜。

任何一种吃食，可以吃得"将就"，也可以吃得讲究。酿青椒的青椒一定要在日出之时，采带露珠的青椒回来，最好是灯笼椒，牛角椒也可，在蒂上横切，挖去辣椒籽，然后装进调好的肉馅儿，肉馅不可太稀，否则，辣椒容易噙不住它。

酿青椒

　　切开的酿青椒，油脂从青椒里流出来，一股清香溢满鼻孔，有一种此食本应天上有的大美。用酿青椒来下饭，很过瘾。青椒的辣，肉馅的香，混杂在一处，成就一条美味长龙，直灌你的口腹，弄得你整个人也好似一例酿青椒，人身为青椒，腹中是肉馅。在吃与被吃之间，人与美味实现了交融。

　　众人皆知王敦煌先生是著名的美食家，却不知其父王世襄先生也爱做菜，每有闲暇，他都会亲自到菜市场，买来食材，亲自下手去做。有一次，王世襄请朋友吃饭，酒过三巡，老先生拿出来一个饭盒，里面装的正是他自己做的酿青椒。他给在座的客人每人夹了一个，说"试试我的吧"！众人品尝了王老先生的酿青椒，皆言美味。老先生也真有趣，见大家都说好吃，忙让服务员把大厨请来，让大厨也来尝尝自己的手艺。看来，评价一个人的厨艺好，比评价一个人的手艺好，还要讨人欢心。

　　酿，是一个好词，其中，饱含心迹在里面。酿就意味着功夫，就意味着不厌其烦，就意味着是发烧友，就意味着虔诚。因此，一个肯为你做酿青椒的人，抛却功利性的买卖，这人要么是你的至亲，要么与你的关系非同一般。

熟猪油炒萝卜

店　　名：**徽菜馆（龙凤店）**
地　　址：**芜湖市镜湖区景观大道**
电　　话：**13855329612**
推荐指数：★★★★★

[icons]

在景观大道的徽菜馆，我不但吃到酿青椒，还吃到了熟猪油炒萝卜。

猪肉是用"花油"（纯脂肪，非带皮脂肪），这样才能最得猪油的香。灶釜下架着劈柴火，哔哔作响。锅热下油块，在锅里炼，炼至油渣发黄，用笊篱把油渣捞出来，稍微凉一凉，把热油舀进瓷缸里，在热油的火烫下，油缸吱啦作响。熟猪油凉下来后，会凝固成乳白色，这样的猪油，用来打底、烧菜，都是绝顶的美味。

猪油这种脂肪是暖的，你想也可以知道，黑猪在雪天里什么衣服也不用穿，丝毫不觉得冷，全靠脂肪保护。因此，在雪天里吃猪油，也有保暖作用。当然不能单纯吃猪油，要以萝卜煨之。

先把猪油放在热锅里化掉，再放入花椒、八角、葱段、姜片，翻炒一下，放进萝卜，且炒且闻香味从锅灶里飘出来，不一会儿，熟猪油炒萝卜就熟了，夹一箸放进嘴里慢慢咀嚼，萝卜的回甜混合着猪油的浓香，那真叫一个香！

小时候，每每听说母亲要做这道菜，我就抢着去烧锅，可以闻其味，也可以在征得母亲的允许下，先吃两块。

熟猪油烧萝卜，在袁枚的《随园食单》中也有记载：用熟猪油炒萝卜，加虾米煨之，以极熟为度，临起加葱花，色如琥珀。

这个极度熟，是有道理的，萝卜这种吃食，别看其质地不坚，却顽固得很，若要另一种味道与之融合，非煮到全熟不可。袁枚之所以加入虾米，想必是为了提鲜，也是为了避除猪油的荤，临起加葱花，增味道，开胃口，你且大快朵颐去吧。

美食是综合评分体系，色香味，少了一样都不合适。当然，味道还是第一位，因此，论贡献，猪油当属头功。

熟猪油炒萝卜

美食索引

图书在版编目（CIP）数据

寻味安徽 / 李丹崖著 . — 北京 ： 北京出版社，
2016.9
　ISBN 978-7-200-12382-1

　Ⅰ . ①寻⋯　Ⅱ . ①李⋯　Ⅲ . ①旅游指南—安徽　Ⅳ .
①K928.954

中国版本图书馆 CIP 数据核字（2016）第 207168 号

寻味安徽
XUNWEI ANHUI

李丹崖　著

*

北 京 出 版 集 团 公 司
北 京 出 版 社　出版
（北京北三环中路 6 号）
邮政编码：100120

网　　　　址：www.bph.com.cn
北 京 出 版 集 团 公 司 总 发 行
新 华 书 店 经 销
北 京 天 颖 印 刷 有 限 公 司 印刷

*

889 毫米 ×1194 毫米　32 开本　7 印张　150 千字
2016 年 9 月第 1 版　2016 年 9 月第 1 次印刷
ISBN 978-7-200-12382-1
定价：39.80 元
如有印装质量问题，由本社负责调换
质量监督电话：010-58572393